101 ORTE, DIE SIE SEHEN MÜSSEN

GOTLAND ENTDECKEN

Gotlands Museum

FORNSALENS FÖRLAG

Fornsalens förlag
Titel des schwedischen Originals:
Upptäck Gotland, 2017
Text: Anna Jutehammar,
Sara Eliason, Lena Ideström
Redakteur: Cathrin Emdén
Redaktionskommitté: Ninni Gahnström,
Madeleine Hasselberg, Lars Sjösvärd,
Susanne Thedéen, Jenny Westfält
Faktenprüfung: Susanne Thedéen
Übersetzung: Ingrid Bohn
Umschlagdesign: Cathrin Emdén
Gestaltung des Buchblocks: Barbro Tryberg
Boberg und Cathrin Emdén
Fotos: Åsa Sommarström
Karten: Barbro Tryberg Boberg
Repro: JK Morris
Druck: Livonia 2022. Zweite Ausgabe.

ISBN 978-91-88036-01-8
www.gotlandsmuseum.se

INHALT

GOTLANDS GEMEINDEN

Gotland ist in 92 Landgemeinden und Visby eingeteilt

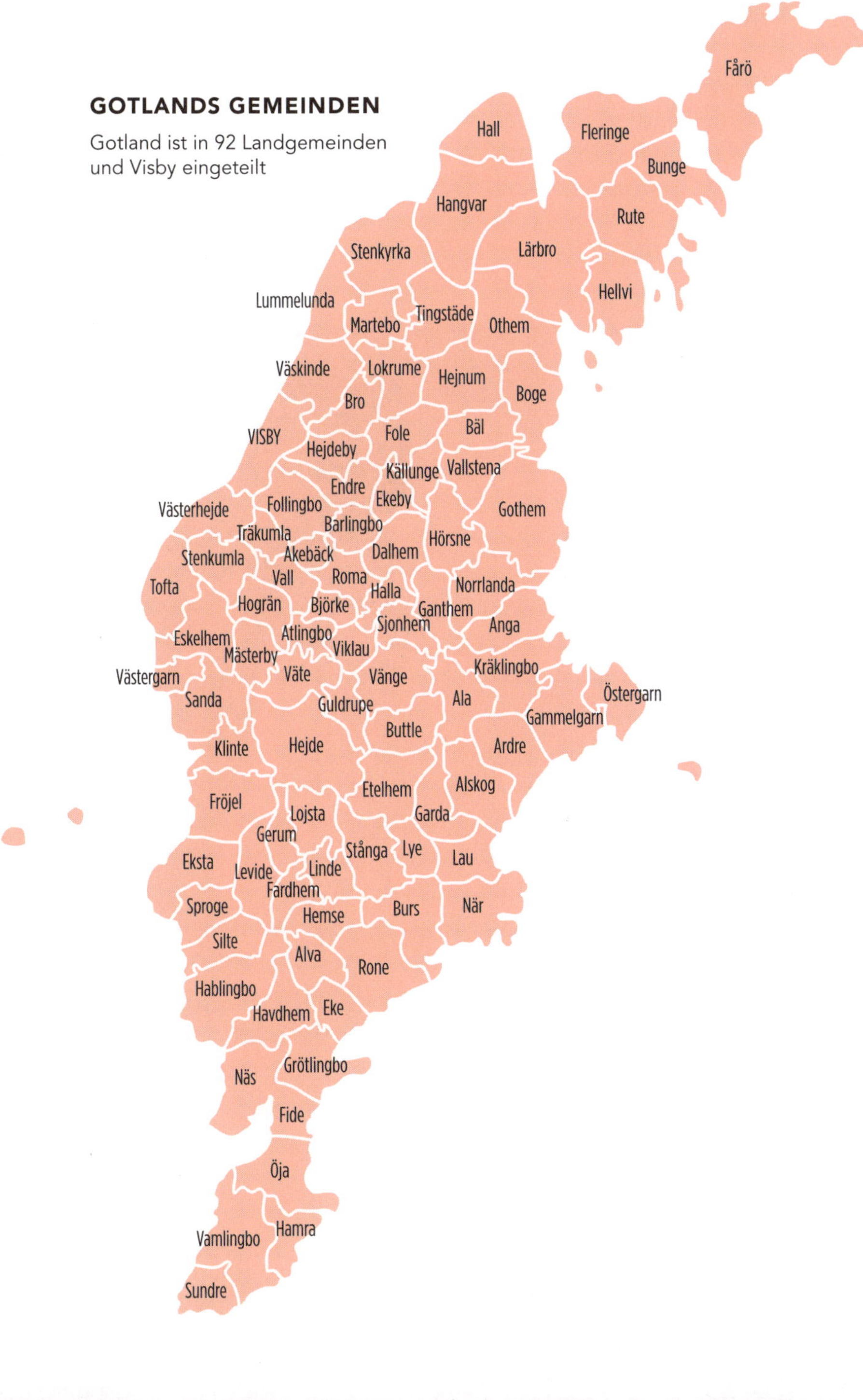

101 ORTE ZU ENTDECKEN

Willkommen auf Gotland! Wo die schöne und wechselvolle Natur einer allgegenwärtigen Geschichte begegnet. *Gotland entdecken – 101 Orte, die Sie sehen müssen* ist ein Führer durch das gotländische Natur- und Kulturerbe. Die Orte, die wir ausgewählt haben, erzählen von der 10 000-jährigen Gegenwart des Menschen in dieser Landschaft und spiegeln den Wechsel der Jahreszeiten wieder. Besonders faszinierend: die Zugänglichkeit der gotländischen Natur. Das Buch enthält verständliche, illustrierte Karten, so dass man leicht zu allen Orten findet.

Gotland entdecken ist die vierte Ausgabe des von Gotlands Museum herausgegebenen Natur- und Kulturführers*. Generationen von Besuchern aus Schweden und dem Ausland haben wie viele Inselbewohner dank dieser Führer ihre Lieblingsplätze gefunden. Gotland entdecken enthält neue Texte von Anna Jutehammar, Sara Eliason und Lena Ideström, während die Bilder der Fotografin Åsa Sommarström zu Ausflügen und Besuchen inspirieren.

Wer das erste Mal auf der Insel ist, kann ausgehend von dort, wo er sich gerade befindet, die Orte auswählen, die er besuchen möchte. Wer immer wieder nach Gotland zurückkehrt oder hier wohnt – dem möge Gotland entdecken ein selbstverständlicher Wegweiser zu allen 101 Orten werden.

Susanne Thedéen, Museumsdirektorin

* *Naturführer Gotland, Kulturführer Gotland, Gotland erleben.*

GOTLAND
0
5
10
15
20 km
LEGENDE
Landstraße
Andere öffentliche Straße
Befahrbarer Wirtschaftsweg
Kirche
Leuchtturm
Steinbruch
Dichtere Bebauung/ Ort
Wald
Offenes Gelände
Wasser
Feuchtgebiet
Bad
Flugplatz
Yachthafen
Hallshuk
7
Medebys
Hagvards
HALL
Häftingsklint
Häftings
Kassle
HANGVAR
5
6
Jungfrun
Ireviken
Ire
Suderbys
Tängelgårde
Stenkyrkehuk
Lickershamn
149
Garde
Bäcks
Vale
Ekebys
3
4
Elinghems ödekyrka
25
Burge
Licknatte
Gräne
Ganns ödekyrka
Hångers källa
Sorby
Niome
STENKYRKA
2
Gullauser
Nyhamn
LUMMELUNDA
Kambs
Kvie
Västris
Bryor
Norrbys
Pajse
Tjauls
Mos
Forsviden
1
MARTEBO
Binge
29
Lummelunda-grottan
TINGSTÄDE
Othemars
Kanalen
Ting-städe-träsk
Filehajdar
Krusmyntagården
Brissund
Idholmen
28
Myrvälder
Norrgårde
Nyplings
148
Väskinds
Boängen
Rings
28
Hejnum hällar
Mickelgårds
Mörby
Lauks
Själsö
Skäggs
Riddare
Brucebo
149
Bläsnungs
VÄSKINDE
Grausne
28
Kallgateburg
LOKRUME
BOGE

Fyrplatsen
101
Gotska Sandön
Kyrkudden
Tärnudden
Hamnudden
18
16
17
Langhammars
Tälle-
vika
Norsholmen
Ekeviken
Digerhuvud
Kalbjärga
Butleks
19
Skär
Avanäs
Sike
Norrsund
Lauter
Ullahau
Fårö fyr
Lauterhorn
15
Sudersand
Ava
Gamlehamn
Ringvide
Suder-
sandsviken
N. gattet
Mölnor
Ar
Lansa
FÅRÖ
14
pels-
sviken
Svarvnäset
10
Ödehoburga
Hammars
8
Bläse
Bästeträsk
Hau
Fårösund
Solhaga
Strå
Skymnings
Dämba
FLERINGE
Broa
FÅRÖSUND
9
BUNGE
13
11
Ryssnäs
148
Storungs
Hultungs
RUTE
Bungeviken
12
Bungeör
Gerungs
Alby
Risungs
Bungenäs
Takstens
Fardume
Skenholmen
Skjutfält
Ringvide
22
Lergrav
4
Fardume-
träsk
Valleviken
20
St Ire
23
RBRO
HELLVI
Valle-
vik
Husken
Furillen
Kajlungs
Pavals
21
Malms
Vägume
27
Kyllaj
Hide
Hammars
Vägume-
viken
Hide-
viken
S:t Olofsholm
26
30
Asunden
Enholmen

98
Själsö
Brucebo
149
Bläsnungs
97
Snäck
96
Gustafsvik
Hästnäs
94
95
VISBY
148
Österby
93
Kneippbyn
A 7
P 18
143
Axelsro
Högklint
92
Fridhem
VIBBLE
Ygne
91
Traume
Sjukhus
Klinte
VÄSTERHEJDE
FOLL
Suderbys
St Kallings
142
TRÄKUMLA
Tofta skjutfält
Home
Blåhäll
140
Anglarve
STENKUMLA
Myrse
Gardrungs
Östergårde
Ansarve
VALL
TOFTA
Alands
90
89
Bjärs
Rovalds
HOGRÄN
Gnisvärd
Smågårde
Byssegårde
Tofta strand
ESKELHEM
Bander
Isums
Alvne
Hage
Nystugu
MÄSTERBY
Valve
Valdarve
Skogs
Mafrids
Tjuls
Grens
88
Tipps
85
86
Bäcks
VÄSTERGARN
Ajmunds
VÄTE
Kronholmen
Vives
Gräne
Lekarve
Petarve
Utholmen
SANDA
Västerby
Juves
Mölner
Medebys
HEJDE
Dans
Tippsarve
Kovik
Skogs
87
Varvsholm
Väntinge
Hajdgårde
KLINTEHAMN
Hunninge
KLINTE
141
Mulde
Solbjärge
142
Gannarve
Lojstha
81
Alstäde
80
Vallhagar
Ansarve
FRÖJEL
Russpark
Sandhamn
75
Fride
74
L Karlsö
Djupvik
78
Grymlings
Skote
LOJS
77
Ollajvs
Lerdarve
Uggårds
GERUM
EKSTA
Vavle
Amlings
St Karlsö
Kullands
73
Käbbe
LEVIDE
LINDE
79
St Mellings
Hammarudd
Sandholme
76
Tummelbos
FARDHEM

Mörby
Boängen
Lauks
Rings
Hejnum hällar
SLITE
Asunden
Laxare
Boge vik
Enholmen
Riddare
Kallgateburg
Grausne
LOKRUME
BOGE
100
Kvie
HEJNUM
BRO
Björnungs
Sles
147
Klinte
99
Suderbys
FOLE
Östryftes
Graute
146
Vatlings
Lillfole
Sojdungs
BÄL
Gane
Vike
Tjälderviken
Krampebro
Norrgarde
EJDEBY
Hellvigs
33
31
Tjälder
St Tollby
Tjelvars grav
Vitviken
VALLSTENA
ENDRE
Kullsarve
Fjells
34
Kullingbos
Äminne
KÄLLUNGE
Slumre
Svalings
EKEBY
Busarve
Gothemshammar
Hulte
Grinds
Säggeby
Bara ödekyrka
Botvaldevik
St Röstäde
Jusarve
32
Botvalde
Suderbys
Vidunge
Norrbys
GOTHEM
Storsund
BARLINGBO
Dune
HÖRSNE
Björkhage
35
DALHEM
146
Nors
St Mörby
Hangre
36
Burs
Granskogs
Norrlanda fornstuga
Hammars
Liste
GANTHEM
37
Dalbo
84
HALLA
Båtels
Fjäle
38
Trullhalsar
Ekebys
Bjärby
Tule
Bringes
NORRLANDA
Bendes
Baju
Gardese
Möllebos
SJONHEM
ANGA
Skarnvik
VIKLAU
Suderbys
Suderbys
39
Hammars
143
VÄNGE
Gurpe
Rågåkra
41
Östergarnsholm
KRÄKLINGBO
Grogarnsberget
Gurfiles
Sallmunds
Ängmans
146
40
KATTHAMMARSVIK
Vivungs
Bjärges
LDRUPE
Gyle
Hajdeby
42
Herrvik
ALA
Krasse
Velinge
ÖSTERGARN
Rodarve
Buttlegårde
45
Torsburgen
GAMMELGARN
Glose
Herrgårdsklint
43
Hägsarve
Änge
BUTTLE
Skogby
Sysne
83
Altajme
Sand-viken
Fjäle
143
ARDRE
46
Grynge
Sjauster
44
Ardre ödekyrka
Nygårds
Bare
47
Folhammar
Anningåkre
Vitvär
Sigvalde
Robbenarve
ALSKOG
Autsarve
49
50
LJUGARN
51
ETELHEM
144
GARDE
48
Hallgårds
Svajde
52
Botvalda
Tälleby
Stallause
Snausarve
Lausvik
LYE
LAU
Laus holmar
Smiss
53
Rotarve
Gannor
Kauparve
Nabben
NÄR
Österlings
Ljugännes
Hallbjänne

Hammarudd
Sandholme
Tummelbos
FARDHEM
Österlings
Mattsarve
SPROGE
Myre
141
144
Hexarve
Mästermyr
HEMSE
Snoder
Ringome
Hulte
Borum
SILTE
Ånge
Davide
Kvarnåkershamn
Hagdarve
ALVA
Gerete
Stenstugu
RONE
140
70
Östris
Burge
Vasstäde
Havor
Binge
71
Gimbrings
Sigdes
Petesvik
72
Petes
HABLINGBO
Alveskogs
Uggårda
57
Nickarve
142
Uggårderojr
56
Hallbenarve
HAVDHEM
EKE
Anningakre
69
Nisse
Ronnings
Sigers
GRÖTLINGBO
Nisseviken
Gansviken
Innerholmen
Drakarve
Grundården
140
Bölske
Kattlunds
Grötlingboudd
58
NÄS
Sles
Fluntinge
Sigleifs
Fidenäs
Näsudden
59
Österby
FIDE
Burgsviken
142
Västergårde
Björklunda
Gisle
Botvide
ÖJA
60
Valar
BURGSVIK
Skoge
Faludden
Västlands
68
Stockvike
61
Bottarvegården
Ytterviken
Norrgårde
Sigrajvs
Ojmunds
Kvarne
HAMRA
VAMLINGBO
67
Botrajvs
Mickels
66
Långmyre
Austre
Sallmunds
Kättelvik
Gervalds
Vändburg
63
62
Hammarshagehällar
Hallbjäns
SUNDRE
Nore
64
Holmhällar
Majstregården
Skoge
Digrans
Heligholmen
Hoburgen
65

Alle Orte sind mit Koordinaten nach folgendem System gekennzeichnet:
Latitude 56°56′6.94″N
Longitude 18°17′15.94″O
Sie sind nach dem Muster 56°56′6.94″18°17′15.94″ zusammengeschrieben, um eine leichte Anwendung in Geräten freier Wahl zu ermöglichen.

Nördliches Gotland

Der Bildstein von Stora Hammars in Lärbro steht nun im Bungemuseum.

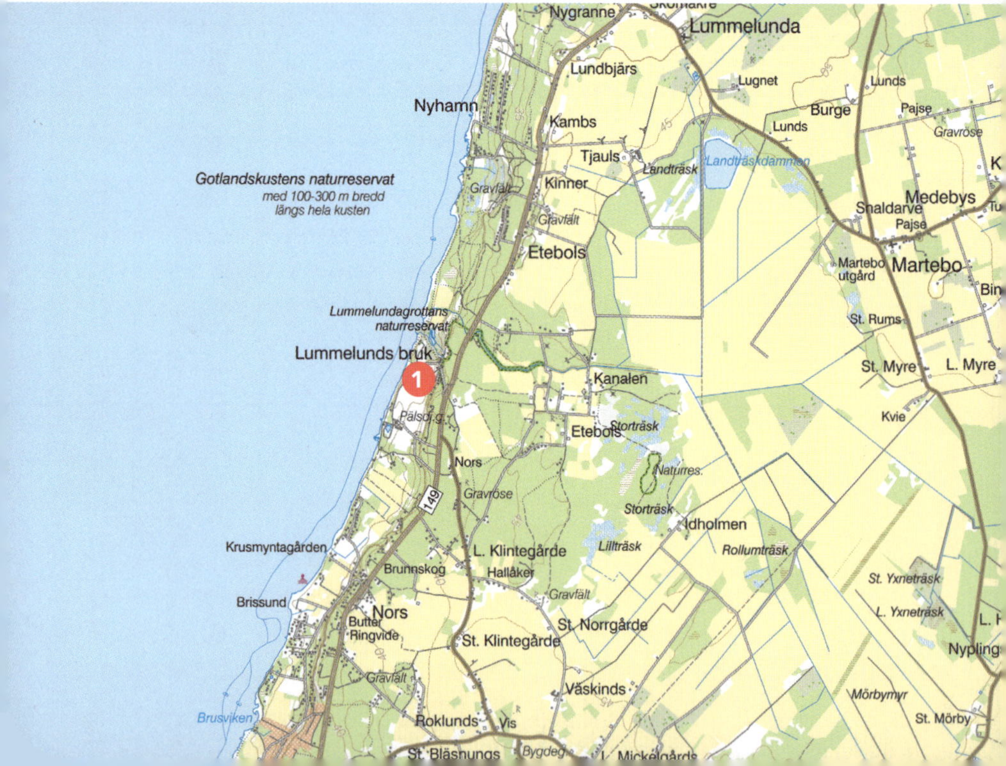

Nygranne
Lummelunda
Lundbjärs
Lugnet
Lunds
Burge
Lunds
Pajse
Gravröse
Nyhamn
Kambs
Tjauls
Landträsk
Landträskdammen
Gotlandskustens naturreservat
med 100-300 m bredd
längs hela kusten
Gravfält
Kinner
Gravfält
Medebys
Snaldarve
Pajse
Etebols
Martebo
utgård
Martebo
St. Rums
Lummelundagrottans
naturreservat
Lummelunds bruk
1
Kanalen
St. Myre
L. Myre
Kvie
Pålsdi g.
Etebols
Storträsk
Nors
Naturres.
Gravröse
149
Storträsk
Idholmen
Krusmyntagården
L. Klintegårde
Lillträsk
Rollumträsk
Brunnskog
Hallåker
St. Yxneträsk
Brissund
Gravfält
Nors
L. Yxneträsk
Butter
Ringvide
St. Norrgårde
St. Klintegårde
Nypling
Gravfält
Väskinds
Mörbymyr
Brusviken
Roklunds
Vis
St. Mörby
St. Bläsnungs
Bygdeg

1. LUMMELUNDAS HÜTTENWERK UND HÖHLE

Die Höhle von Lummelunda ist eine der größten Sehenswürdigkeiten Gotlands. Sie wurde 1948 von drei Teenagern entdeckt, aber schon 1741 hatte Carl von Linné ihre äußeren Teile besucht. Die Höhle ist eine Karsthöhle, die entstand, indem Wasser durch schmale Spalte im Kalkgestein eindrang. Dieses schwach saure Wasser löste den Kalkstein langsam auf, die Spalte weiteten sich und wurden schließlich zur Höhle. Der ausgefällte Kalk bildete zudem merkwürdig geformte Tropfsteine. Bei den täglichen Führungen im Sommer kann man diese besichtigen.

Lange vor der Entdeckung der Höhle wurde die Kraft des Wassers, das aus dem Martebomoor durch das Höhlensystem rann, genutzt. Seit dem Mittelalter trieb es eine Wassermühle und eine -säge an; im 17. Jahrhundert sogar eine Eisenhütte. Das Erz wurde aus dem Raum Stockholm herangebracht. Zu Spitzenzeiten hatte die Hütte fünf Wasserräder in Betrieb, doch mit der Trockenlegung des Moores nahm die Wasserkraft ab.

Neben der Hütte liegt das Herrenhaus aus dem frühen 19. Jahrhundert und unterhalb der Hütte fließt der Bach durch einen Park, angelegt in den 1870er-Jahren im englischen Stil und inzwischen verwandelt in einen Laubwald mit hohen Eichen und Ahorn, aber auch Parkbäumen wie Walnuss und Kastanie. An vielen Bäumen wächst Efeu und im Frühling ist der Boden mit duftendem Bärlauch bedeckt. Durch den Park schlingert sich ein beschilderter Pfad. Eine Sehenswürdigkeit ist hier auch ein kleiner Bestand des Weißen Waldvögleins, einer Orchideenart. Der Park reicht bis zum Strand, wo der Bach ins Meer mündet. Hier laichen Meerforellen und im Winter hält sich die Wasseramsel dort gern auf.

Koordinaten: Die Höhle von Lummelunda: 57°44'18.04"18°24'11.36"

2. LILLA BJÄRS

Gleich südöstlich der Kirche von Stenkyrka liegt eines der größten Gräberfelder Gotlands, Lilla (Klein) Bjärs, mit mehr als 1.000 Gräbern aus der Bronze- und Eisenzeit – überwiegend niedrige, steingefasste Gräber sowie Steinhaufen. Einige der Steinhaufen waren einmal mit einer fein zugehauenen Steinkugel geschmückt. Durch das Gräberfeld führt ein Pfad aus dem Mittelalter. Im Gräberfeld lag früher ein ungewöhnlich schönes Radkreuzgrab aus der älteren Eisenzeit (um 400 n. Chr.) von 17 Metern Durchmesser. Im Steinhaufen in der Mitte des Grabes fanden Archäologen zwei – geplünderte – Kalksteinsärge. Darin übrig geblieben waren nur einige angeäscherte Knochen und Bronzestücke. Von der Mitte bis zum Außenkreis sind runde Steine wie Speichen eines Rades angeordnet – daher die Bezeichnung für den Gräbertyp. Westlich der Kirche befindet sich eine Rekonstruktion des Grabes. Die Gräber werden vom Heimatverein Stenkyrka gepflegt.

Koordinaten: Lilla Bjärs 57°47'23.79"18°32'27.20"

3. SALMBÄRSHAGEN UND EKEBYSÄNGET

Im Naturreservat Salmbärshagen liegt der wohl größte Bestand an alten, knorrigen Eichen Gotlands. Sie gehörten früher der Krone, reserviert für den Schiffsbau, und mussten vom Bauern geduldet werden, obwohl ihre Blätter als Viehfutter nicht taugten. Ansonsten ist die Esche der vorherrschende Baum. Ihr Bestand ist in den letzten Jahren jedoch aufgrund des durch Pilze verursachten Eschentriebsterbens gesunken.

Eichen und Totholz machen Salmbärshagen zu einem idealen Lebensraum für Larven, Insekten, Vögel und Fledermäuse. Im Frühjahr ist der Boden bedeckt mit Buschwindröschen, Schlüsselblumen und Bärlauch. Stendelwurz und Händelwurz fühlen sich auf dem feuchten Boden wohl, auch die Brombeere (gotl. Salmbär). Salmbärssylt wird zum gotländischen Saffranspfannkuchen gereicht.

Im Salmbärshagen liegen auch ein Hausgrund aus der älteren Eisenzeit sowie 2.000 Jahre alte Steinhaufen, die bei der Kultivierung des Bodens zusammengetragen wurden.

Die Ekebywiese ist Teil des Geländes. Sie wird auf traditionelle Weise gepflegt. Es gibt auch eine alte Viehtränke. Zu den hier brütenden Vögeln zählen Halsbandschnäpper, Spechte und Waldkauz.

Koordinaten: Salmbärshagen 57°48′7.72″18°33′41.80″

Helendeskog
Svärtesmyr
Verkmyr
Häftingsklint
Fornborg
Russmyr
Hall-Hangvars naturreservat
Häftings
Sojdsmyr
Sigsarvestrand
Svarthäll
6
Hall-Hangvars naturreservat
Staursmyr
Kalkugn
Snipan
Irevik
Klinthagen
Räntlausmyr
Mattsemyr
6
Irevik
Höglundar
Utskogen
Fornborg
Fornborg
Stigmyr
Ire
5
Stuklint
Naturres.
Lickershamn
Balsklint
Jungfruklint
Fiskehamn
Naturres.
Skarphagen
Hajdhagen
Sågvätar
Lickershamn
Fornborgar
Natur-reservat
Gamlehjaul
Ringvide
Fornborg
Ireå
Bromyr
Bäcks
4
Klockaremyr
Gravfält
Agmyr
Garde
Gravfält
Elinghems ödekyrka
Grausne
St. Bjärs
Golfbana
Myrskogen
Kvie
Elingsfors
Husgrunder
Gravfält
Austers
Sudergårds
Blindan
Blindhagen
Naturreservat
Ekebys
3
Hästvät
Vale
149
Nöjesark
Reningsv.
Forsvid
Hemb.g.
Naturreservat
Reningsv.
Hälge
Stenstugu
Skola
Kvie
Broungs
Licknatte
Stenkyrka
Gräne
Gravfält
Ungesmiss
2
Austergårds
Kvie
L. Bjärs
Tune
Sorby
Ringvide
Storhagen
Lugnet
Niome
Vätlingmyr
Tystebols
Gullauserträsk
Gravfält
Lauhage
Naturres.
Millumträsk
Gullauser
Hökvät
Elinghemsmyr
Russhage
Lauhage-träsken
Västristräsk
Västris
Nordermyr
Knutstorp
Smiss
Suderhagen
Bryor

4. KIRCHENRUINE ELINGHEM

An der Straße zwischen Ireviken und Tingstäde liegt eine der Kirchenruinen gotländischer Landgemeinden. Die heute Elinghem genannte Kirchenruine wurde im 13. Jh. als Gemeindekirche errichtet, verfiel aber zur Ruine nach einem Brand im 17. Jh. Die Bauern der kleinen Gemeinde besaßen nicht die Mittel, die Kirche wieder aufzubauen, und so ließ man sie öde fallen. In den 1920er-Jahren wurde die Ruine restauriert. Heute wird sie für sommerliche Gottesdienste genutzt, ein beliebter, romantischer Ort für Hochzeiten. Der mittelalterliche Altartisch und der Taufstein von 1250 sind erhalten. Die Ruine liegt auf einer bezaubernden Wiese und ist von einer niedrigen, kreisförmigen Mauer umgeben, die ein Überrest einer Fluchtburg aus der älteren Eisenzeit (0–550 n. Chr.) sein kann.

Koordinaten: Kirchenruine Elinghem 57°48'42.36"18°37'11.70"

5. LICKERSHAMN UND JUNGFRUKLINT

Auf den Klippen nordwestlich des Hafens von Lickershamn erhebt sich Gotlands höchster Rauk, die Jungfrau. Von der Fischerstelle führt ein Pfad zu der imposanten, elf Meter hohen, an der äußersten Felskante stehenden Jungfrau. Ihr höchster Punkt liegt 27 Meter über dem Meer. Wellen und Strömungen haben sie aus dem Bergfelsen gemeißelt, als der Wasserspiegel des Littorina Meeres bis dort oben reichte – vor 8000 Jahren.

Von ihr stammt der Name des Naturreservats – Jungfruklint –, das sich 400 Meter entlang der Küste erstreckt. Oben auf den Klippen führen Wanderwege durch alten Kiefernwald. In der Gutasage wird von der Jungfrau Öllegard erzählt. Öllegard, die Tochter des mächtigen Likajr, verliebte sich in Helge, einen Knecht in Likajrs Haushalt und Sohn eines besiegten Hauptmanns. Likajr sah diese Liaison nicht gern und wollte die Romanze beenden. Da ließ er seine Männer Öllegard hinauf auf den Rauk bringen und versprach, die jungen Leute dürften heiraten, wenn es Helge gelingt, Öllegard von dort oben nach unten zu holen. Helge konnte zwar hinaufklettern, doch auf dem Weg abwärts mit Öllegard im Arm traf ihn ein Pfeil von Likajrs Bogen. Das Liebespaar stürzte kopfüber ins Meer und verschwand auf ewig.

Koordinaten: Jungfruklint 57°49'33.88"18°30'41.86"

6. SIGSARVE STRAND UND IREVIKEN

Ireviken, eine tiefe Bucht mit langem, feinem Badestrand, kann auch als eine große, in die Steilküste geschnittene Schlucht beschrieben werden, die mit sandigem Sediment gefüllt ist. Die Klippen erheben sich zu beiden Seiten und durch die Schlucht schlängelt sich der Ireå, der hier ins Meer mündet. Er fließt an der Ire Mühle vorbei, die in den 1870er-Jahren erbaut wurde und zum Irehof gehört. Die Mühle wurde vom damals größten Mühlrad Europas angetrieben. Im Herbst laichen Meerforellen im Ireå, im Winter kann man hier Wasseramseln sehen. Eine alte Fischerstelle und eine Jugendherberge liegen am Strand nah beieinander.

Zu beiden Seiten Irevikens liegen zwei Fluchtburgen, die eine ist über einen ausgeschilderten Pfad vom Parkplatz aus zu erreichen. In der Bucht blühen das Rote Waldvöglein und Braunroter Stendelwurz. Entlang des Sandstrands wachsen auch Meersenf und Färberwaid.

Zu beiden Seiten der Bucht geht der Sandstrand in Steinstrand über, unterhalb der steilen Klippen gelegen. Vor allem der westliche Steinstrand ist reich an Fossilien, die sich im Verwittern aus den Steilhängen gelöst haben. Viele Korallenarten kann man hier finden.

Sigsarvestrand nördlich von Ireviken ist ganz und gar Steinstrand mit einer kleinen Fischerstelle, die zu Hall-Hangvars Naturreservat gehört. Der Strand ist über einen holprigen Schotterweg erreichbar. Ein Schild an der Straße nach Kappelshamn weist ihn aus. Die Aussicht von den Klippen hinaus aufs Meer und über die Küste ist überwältigend schön, vor allem bei Sonnenuntergang. Ein schmaler Pfad führt durch den lichten Kiefernwald zum Strand. An seiner Seite fällt der Steilhang 10 Meter tief hinab.

Koordinaten: Sigsarve Strand 57°51'11.57"18°36'58.56"
Ireviken 57°50'16.12"18°35'3.99"

7. HALLSHUKS FISCHERSTELLE

Die hohen Klippen Hallshuks, die im nordwestlichen Gotland steil zum Steinstrand abfallen, bieten eine unübertreffliche Aussicht auf Land und Meer. Sie sind 25 Meter hoch und an klaren Tagen kann man die Kirchtürme von Rute und Fleringe erkennen. Mit einem Fernglas sieht man sogar die Raukar bei Langhammars auf Fårö.

Hallshuk ist Teil des Naturreservats Hall-Hangvar, das sich von Ireviken im Westen bis zur Bucht von Kappelshamn im Norden erstreckt. Unterhalb der Klippen liegt Hallshuks Fischerstelle, einst Gotlands lohnendstes Fischereirevier. Hier fischten die Bauern der Gegend, aber auch aus anderen Orten der Insel, für den Eigenbedarf. Zwischen dem 17. und 19. Jh. gab es Perioden, in denen besonders viel Hering gefangen wurde, aber auch Dorsch und Flundern. In den Fangperioden fungierten die Fischerhütten als Wohnungen. Die heutigen Hütten stammen aus späterer Zeit. Nahe Hallshuk steht auch ein Leuchtturm und es gibt eine Fischerkapelle aus dem 17. Jh. Von der Strandkante erstreckt sich ein flacher Kalksteinfelsen 100 Meter ins Meer hinaus und schließt mit einer sog. Pallkante ab. Dahinter ist das Wasser abrupt bodenlos tief.

Koordinaten: Hallshuk 57°55′29.69″18°44′43.68″

7
Harudden
Halls fiskeläge
Hallshuks kapell
Labyrint
Hasselriv
Stajnstmyr
Grönbjärs
Kvarnmyr
Jännklinten
Grönbjärgsklinten
Blautmyrsskogen
Nors
Västerbys
Medebys
Norrbys
Gravrösen
Hägvards
Västös
Helendeskog
Svärtesmyr
Hall
Gannarve
Hednakyrkogården
Fornborg
Haukmyr
Kristikanal
Verkmyr
Myrhagemyr
Häftingsklint
Fornborg
Russmyr
Domarring
Bunkmyr
Hall-Hangvars naturreservat
Tällar
Djauvät
Gostäde
Gäddmyr
Gravfält
Pärkhagen
Brandhagen
Bäsingsmyr
Grustäkt
Västerhuse
Häftings
Skälstäde
Sojdsmyr
Gravfält
Sigsarvestrand
Hall-Hangvars naturreservat
Tajnungs
149
Nymånetorp
Svarthäll
Staursmyr
Husgrunder
Kalkugn
Kvie
Olarve
Kassle
Snäckers
Räntlausmyr
Vaste kvarn
Klinthagen
Kyrkebys
Hangvar
Lunds
Kullshage
Mattsemyr
Gravröse
Gardträsk
Fornborg
Tibbles
Fågeltorn
Träskmyr Naturreservat
Stigmyr
Sigsarve
Ire
Norrvange
Nors
Suderbys
Hajdhagen
Stajnstumyr
Ireå
Kyrkebys-myr
Gamlehjaul
Gardhagen
Klockaremyr
Agmyr
Tängelgårde
Bäcks
Gravfält
Gamlehajm
Gravfält
Elinghems ödekyrka
Skeppssättningar
Gravrösen
Gravfält
Elingsfors
Austers
Husgrunder
Splittlemyr

Sechsfleck-Widderchen.

8. BLÄSE KALKWERKMUSEUM

Zwei konische Schornsteine weisen den Weg zum Kalkwerkmuseum in Bläse an der Ostseite der Bucht von Kappelshamn. Im 17. Jh. verwandelten wohlhabende Kaufleute und Bürger die Kalkgewinnung auf Gotland in eine große, lohnende Industrie. Ihre Öfen machten die Kalkpatrone reich, aber die Arbeit im Steinbruch, an den Öfen und in den Kalkschuppen war schwer und auszehrend. Auf seiner Reise 1741 besuchte Carl von Linné ein Kalkwerk und schrieb: „... die Luft im Haus ist viel mehr mit herumfliegenden Kalkpartikeln angefüllt als irgendeine Mühle mit Mehlstaub. Diese Partikel legen sich auf die Lippen der Arbeiter, so dass diese davon mit Ausschlag und Hautablösungen übersät sind".

In Bläse wurde vom Ende des 19. Jh. bis 1945 Kalk produziert. Ein großer Teil davon wurde an Orte rund um die Ostsee verschifft. Bis zu 140 Menschen arbeiteten im Werk, um das sich eine Ortschaft etablierte mit Arbeiterwohnungen, Geschäften und Café. Das Museum gibt Einblicke in die Arbeitsabläufe und das Leben der Familien, die hier arbeiteten. Die Industriebahn zwischen dem alten Kalkwerk und dem Steinbruch wurde wiederbelebt, im Sommer können Besucher mit der Schmalspur-Bahn die kurze Strecke hin und her fahren.

Koordinaten: Bläse Kalkwerkmuseum 57°53'40.47"18°50'22.46"

9. GRODDAGÅRDEN

In der offenen Landschaft um Fleringe, die an vielen Stellen wirkt wie vor hunderten von Jahren, liegen die Höfe recht verstreut. Groddagården war vor langer Zeit Gasthaus für Reisende, die hier Essen, einen Schlafplatz und eine Gelegenheit zur Weiterreise erhielten.

Lars Olofsson erwarb den Hof 1781. Er und seine Söhne waren virtuose Musikanten und so wurde der Hof ein Zentrum für Spielmänner aus dem Norden Gotlands. Hier versammelten sie sich, um zu musizieren. Heute ist der Hof Heimatmuseum, noch immer werden im Sommer Spielmannsabende arrangiert.

Gotlands Museum verwahrt die bekannte Groddaleier, eine Drehleier aus dem 18. Jh., die von den geschickten Spielmännern auf Grodda benutzt wurde.

Am Wohnhaus aus Stein, Anfang des 18. Jh. errichtet, sind seither keine größeren Veränderungen vorgenommen worden, es sieht noch so aus wie damals. In der Diele sind die Wände getüncht und in der Küche ist der alte Steinfußboden erhalten. Im Obergeschoss befindet sich der schöne Saal mit schablonenbemalten Wänden und intensivem Licht durch Fenster, die eine hinreißende Aussicht auf das Land und die Kirche eröffnen.

Dank des Heimatvereins in Fleringe ist der Hof restauriert und sehr gut erhalten, auch wenn einige Nebengebäude nicht mehr existieren. Im Sommer ist der Hof für Besucher geöffnet.

Koordinaten: Groddagården 57°52'20.93"18°52'47.07"

10. BÄSTETRÄSK UND UMGEBUNG

Der Bästeträsk ist Gotlands größter Binnensee. Nach ihm ist auch das größte Naturreservat der Insel benannt, das den See und das umliegende Naturgebiet umfasst.

Das Wasser des Sees ist sehr rein, obwohl er an seiner tiefsten Stelle nur 4,5 Meter misst. Der Bästeträsk ist von einem Strandwall umgeben, im See leben Hechte, Maränen, Rotaugen und nachträglich etablierte Krebse. Auf den Inseln Storholmen und Lillholmen brüten viele Eiderenten. Das große zusammenhängende, nahezu unberührte Gebiet um den See ist einzigartig und besteht aus einem Mosaik aus Ödland mit felsigem Kalksteingrund, Karstfelsen, Feuchtgebieten, Küste und altem Niederwald. Einige Fischerstellen entlang der kargen, steinigen Küste sind wunderschön gelegen. Bei Ar gibt es eine biologische Forschungsstation.

Hässleänget an der Straße nach Ar südwestlich des Sees, wird noch immer gepflegt. Die Wiese ist Lebensraum für seltene Larven und Pilze an Eichen und Eschen sowie ungewöhnliche, im Holz lebende Käfer. Im feuchten Laubwald trifft man viele der seltenen Glattschnecken.

Das Gebiet südlich des Bästeträsk, Ojnareskogen, birgt große Naturschätze und ist mit seinen Feuchtgebieten ein wichtiges Zulaufareal für den See. Viele seltene Arten von Insekten und Pflanzen gibt es hier, so Pilosella Dichotoma (Gaffelfibbla), Symbol für die wertvolle Natur.

Nordwestlich des Bästeträsk liegt Blå Lagunen (die Blaue Lagune), ein beliebter Badeplatz in einem früheren Kalksteinbruch und bekannt für das türkisfarbene Wasser.

Koordinaten: Bästeträsk 57°54′57.67″18°55′43.95″

Blaue Lagune.

Stenindustri
Fårösund
Norra Nedre
Hyle
Dämba
Mårsakersvät
Suderhol
Strandakersvik
Dämbaträsk
Broa
Boviken
Kalkugn
Romdals
Vary
Fiskehamn
Moravik
Fårösund
Visnäsände
Återvinningsanl.
Askakersvät
Hyluvät
Hyluvik
Hägur
Häjdeviken
148
Hägur
Biskops
Häjderiv
Ryssnäs
Engelska
kyrkogården
Stenstugu
Bunge
11
Ånge
Militärt
övningsområde
Kalkugn
Bunn
Naturreservat
Broungs
Fårösund Södra
Ducker
Skarvagrunn
Tojvik
Flygfält
Militärt
övningsområde
Utbunge
Audungs
Mattise
Ryssudden
Brutmyr
Änghult
Dämba Misslaupe
Hultungs
Naturreservat
Naturreservat
Hultungsmyr
Ångevik
12
Ördar
Sandviken
Bräntings
Bungenäs
Militärt
övningsområde
Bunge aur
Ainenäs
Hultungs
viken
Grunnudden
Nors
Hermanstorp
Militärt
övningsområde
Ale
Rässtomt
Alby
Alby
Sildnäs
Sildu
Alvätskog
Albyriv
Långörsänden

11. BUNGEMUSEUM UND KIRCHE VON BUNGE

Das Freilichtmuseum Bunge bei Fårösund ist die gotländische Entsprechung Skansens. Es zeigt gotländische Höfe und Lebenswelten vom 17. bis 20. Jh. Das Museum wurde Anfang des 20. Jh. von Theodor Erlandsson gegründet, um die bäuerliche Kultur Gotlands zu bewahren angesichts des heranwachsenden modernen Schwedens. Man kann auf eigene Faust durch das Museumsgelände streifen oder Führungen buchen.

Die Häuser sind aus Holz, meist in Blockhaustechnik (Fachwerk) errichtet, welche bis zum 18. Jh. die gewöhnlichste Bauweise auf Gotland war, bevor es an Wald und Bauholz mangelte. Das Museum zeigt die größte Blockhaus-Sammlung Schwedens, aber auch Bauwerke und Anlagen, die für die Selbstversorgung der Bauern wichtig waren: Kalkofen, Sägewerk, Tonnenbinderwerkstatt und eine sog. Sojde zur Gewinnung von Teer. Außerdem sind vier Bildsteine aus dem 8. Jh., ursprünglich auf der Wiese von Hammars in Lärbro, hier ausgestellt. Gegenüber dem Museum bietet ein Café Erfrischungen an.

Dass Kirchen in Kriegszeiten auch der Verteidigung dienten, zeigt auch die Kirche von Bunge mit Spuren von Armbrustpfeilen und Lanzenstößen auf der Tür zum mächtigen Turm aus dem 14. Jh. Das Interieur der Kirche weist Kalkmalereien aus dem 14. Jh. auf.

Nördlich des Kirchhofs steht die Ruine eines Pfarrhofes, vermutlich im 14. Jh. mehrgeschossig errichtet und ausgestattet mit Portalen und Fenstern. Archäologische Untersuchungen der Ruine ergaben, dass die Pfarrer in Bunge sehr gut gestellt waren. Man fand unter anderem Bronzetöpfe, Messer mit Knochenschäften, Rosenkranzperlen aus Ebenholz, ein aus Knochen geschnitztes Schachspiel und Silbermünzen.

Koordinaten: Bungemuseum 57°51'15.86"19° 1'43.78"

matsal
BAR

GEVALIA
HUNGRIG?
ALLERGISK?

12. BUNGENÄS

Bungenäs, eine 165 Hektar große Halbinsel östlich von Fårösund, lockt Besucher, die an Kultur und Natur interessiert sind. Gut 40 Hektar des nordöstlichen Teils von Bungenäs sind Naturreservat. Die Landschaft ist etwas Besonders, geprägt von Kalkindustrie und Militär. Im 20. Jh. war das Gebiet lange Zeit für die Allgemeinheit gesperrt, ist aber jetzt offen für Besucher. Natürlich ist das Meer hier allgegenwärtig – Bungenäs mit seiner spannenden Natur und Geschichte ist ein ausgezeichneter Ort für Wanderungen.

Während Bungenäs' Blütezeit gab es hier den größten Kalksteinbruch Gotlands mit bis zu 200 Angestellten. Der Betrieb wurde 1963 eingestellt, als das Militär die Gegend in Besitz nahm. Bungenäs ist autofrei, aber man kann Fahrräder ausleihen.

Es gibt hier Höhlen, Granatkrater und Bunker, einige Bunker sind nach Architektenplänen zu Ferienhäusern umgebaut worden. Auch andere Überreste aus den Tagen des Militärs und des Kalksteinbruchs sind erhalten: ein alter Konsum, eine Kantine, die hohen Öfen und Reste von Entladedocks. Es gibt auch noch die 1926 errichtete Villa eines Disponenten – die Zuckerfabrik hatte den Steinbruch 1921 übernommen.

Gebäude, die verfallen waren, wurden renoviert und haben nun neue Funktionen. Im Kalkschuppen wird Kunst ausgestellt und ein Restaurant betrieben.

Koordinaten: Bungenäs 57°49'55.71"19° 5'7.45"

Tällevika
Grunnsänden
Langhammars
Langhammarsviken
Lassorholmen
Bohakasandet
Digerhuvud
Helgumannen
Aursviken
Naturreservat
Kurungsmyr
Ajkeslunda
Bondansträsk
Baggaträsk
Pukaträsk
Norsta
Butleks
Naturreservat
Sotalvret
Lauters stajnkalm
Bondans
Rojramyr
Kalbjärghobben
Sudergarda
Tunguhuvud
Kalbjärga
Langa vät
Ajkesträsk
Suderhag
Smojumyr
Gylpovätt
Myrhagamyr
Norrsund
Käldurivshagen
Skeppssättning
Simunds
Släthällar
Fågelsk.omr.
Kalbjärga
L. Gasmora
Lauterhorn
Lautervik
Fiskehamn
Sjöräddn.stn
Lauter
Lillhaga vät
Broskogs
Ringvida
L. Marumyr
St. Marumyr
Vinngardsalvret
St. Gasmor
15
Träskholmen
Nystugu
Naturreservat
Gamlahamn
Alnäsaträsk
Nystugu
S:t Olovs kyrka
Friggars
Båta
Lauter
Farnavik
Friggars
Marpesholm
Abburmyr
Lansa
Bröskogs
L. Hoburga
Marviken
Svarvträsk
Hammars
Alnäsavik
Alnäsaudden
Mölnorträsk
Träskalvret
Flyter
Naturreservat
Stajnträsk
Prästhagamyr
Dyarna
Mölnor
Strandakersviken
Fårö
Haganäs
Marpesträsk
Roderarvsmyr
Kullamyr
Mölnorviken
Svens
Stutsviken
Marpes
Hässlemyr
14
Skola
Norra gattet
Fårö
Varden
Lansa
Starrhagmyr
Hagalunda
Holmvät
Hammars
Kärret
Lansaholm
Gravrösen
Giftskog
Naturres.
Limmormyr
Verkegards
Friggars
Hammars
Sandsviken
Lansalundar
Ödehoburga
Langmyr
Hagarsbajnsriv
Klintsbroviken
Limmorträsk
Runtumyr
Fårösund
Hästhagavät
Kornakersmyr
Brajdaur
Brajdaursvik
Ajnestadar
Ajnens
Fårösund Norra Nedre
Dämba
Norderholm
Marsakersvät
Suderholm
Strandakersvik
Dämbaträsk
Broa
Boviken
Varv
Fiskehamn
Moravik
Fårösund
Visnäsända
Hyluvät
Hyluvik
Askakersvät
Hägur
Hajdeviken
Biskops
Hajderiv
Ryssnäs
Militärt övningsområde
13
Engelska kyrkogården
Ange
Broungs
Fårösund Södra
Tojvik
Skarvagrunn
Militärt övningsområde
Audungs
Utbunge
Mattise
Ryssudden

13. ENGLISCHER FRIEDHOF UND RYSSNÄS

Im Naturreservat Ryssnäs im Süden Fårös liegt ein Friedhof für englische Seeleute, die während des Krimkrieges Mitte des 19. Jh. an der Cholera gestorben sind. Eine alliierte englisch-französische Flotte kämpfte gegen Russland und nutzte den Sund zwischen Fårö und Gotland als Basis. Um die hundert Kriegsschiffe ankerten hier.

Der Friedhof liegt sehr schön im lichten Kiefernwald unmittelbar am Kappersteinstrand. Hier gibt es auch ein von einer Mauer umgebenes kleines Schafhaus mit Reetdach. Auf dem verwilderten Friedhof sind um die 20 englischen Seemänner begraben. Während des Krieges gab es in der Nähe ein Feldlazarett.

Das Naturreservat umfasst Kiefernwald, Felsmark, Moore und nackte Klappersteinfelder. Auf den trockenen Böden wächst Schwalbenwurz, duftender Sandthymian, Kleines Mädesüß, Fetthenne, Ehrenpreis, Nickende Diestel, Labkraut und Gelbes Sonnenröschen. Das Grankullamoor ist eines der wenigen Torfmoore der Insel. Im Kiefernwald kann man den größten Käfer des Landes, den Mulmbock, aufspüren.

Koordinaten: Englischer Friedhof 57°51'1.45"19° 7'45.16"

14. FÅRÖ KIRCHE, MUSEUM UND BERGMANCENTER

Die ältesten Teile der Kirche von Fårö stammen aus dem 14. Jh., doch nach Umbauten im 19. Jh. erhielt die Kirche ihr heutiges Aussehen. In der Kirche kann man das *Kuta-Gemälde* betrachten. Es zeigt Robben jagende Fåröer, die 1618 auf einer Eisscholle davontrieben und erst nach zwei Wochen gerettet wurden.

Auf dem Friedhof der Kirche ist der berühmte schwedische Regisseur und Schauspieler Ingmar Bergman begraben. Er starb 89jährig im Juli 2007 auf Fårö Dort wohnte er viele Jahre und drehte auch viele seiner Filme, zum Beispiel *Wie in einem Spiegel* und *Persona*.

Südlich der Kirche liegt das Bergmancenter, das im Jahre 2014 zum filmischen Welterbe gekürt wurde. Es ist ein Kulturzentrum in Fårös alter Schule, das Bergmans Erbe bewahrt und weiterentwickelt. Es gibt Ausstellungen über Bergmans Leben und Werk, eine Kreativwerksatt, ein Café und Führer zu den Drehorten. Jeden Sommer wird die Bergmanwoche mit Seminaren, Ausflügen und Workshops über Film, Theater, Musik und Kunst veranstaltet.

Im selben Gebäude ist auch Fårös Museum untergebracht, ein Heimatmuseum, das vom örtlichen Heimatverein betrieben wird.

Koordinaten: Bergmancenter 57°55′9.40″19°8′17.83″
Fårö Kirche 57°54′57.76″19° 7′57.30″

15. GAMLA HAMN

Viele kommen zum Alten Hafen (Gamla Hamn), um den berühmten Rauk Kaffepannan zu sehen, auch Hund genannt, der hier im Wasser steht. Aber es gibt noch mehr zu sehen; zwischen Kiefern vor dem Klappersteinstrand nahe Lauter im südwestlichen Fårö liegt ein mittelalterlicher Hafen, der heute ein flacher Binnensee ist.

Das beschauliche und geschützte Gewässer war im 11. Jh. vermutlich ein Hafen für Fischerei und Handel. Den Hafeneinlauf gibt es wegen der Landhebung und der Stürme nicht mehr. Untersuchungen von Sand, der als Ballast auf Booten verwendet worden ist, brachten unter anderem Schalen von Austern zutage, auch Scherben von Ziegeln und deutschem Steingut. Die Boote kamen also von Häfen außerhalb der Ostsee.

In dem niedrigen Kiefernwald südlich des Hafens sind Reste eines runden Friedhofs und Steinfundamente einer kleinen mittelalterlichen Holzkapelle – S:t Olof – bewahrt und auf dem Friedhof Gräber in Form oberirdischer Steinsärge. Weiter unten am Strand gibt es weitere 15 Gräber aus der Wikingerzeit, ca. 800–1050 n. Chr., zu niedrigen Steinhügeln geformt. Grabfeld und Hafen sind ungefähr 400 Jahre bis zur Mitte des 14. Jh. genutzt worden.

Koordinaten: Gamla Hamn 57°56'24.16"19° 5'27.96"

16. DIGERHUVUD

Im Naturreservat Digerhuvud auf Fårö liegt Schwedens größtes zusammenhängendes Raukgebiet. Der Ort gleicht einer Mondlandschaft: Die hohen Raukar liegen verstreut unterhalb des Strandwalls. Einige von ihnen sind bis zu 8 Meter hoch. Sie bildeten einst eine zusammenhängende Kalksteinklippe, bevor die Wellen die weicheren Bestandteile abgeschliffen und so hunderte Steinformationen geschaffen haben. Dann, als das Wasser gesunken war, sind die Raukar bloßgelegt worden. Die äußersten, die ein wenig im Wasser stehen, werden noch immer vom Meer bearbeitet. Schaut man sich die Raukar näher an, entdeckt man, dass sie aus fossilen Resten von Korallenkolonien und sog. Kattskallar, einer Art Schwammtier, bestehen. Sie bildeten den Kern jener Riffe, die vor 425 Millionen Jahren hier entstanden.

Das Raukgebiet erstreckt sich 3,5 Kilometer von Helgumannens Fischerstelle nach Süden bis Släthällar, nördlich von Lauterhorn. Nahe dem Strand gibt es Parkplätze mit Toilette, Grillplatz sowie Tische und Bänke. Auf dem kargen Klappersteinstrand oberhalb des Raukfeldes wachsen unempfindliche Pflanzen wie Schwalbenwurz, Ruprechtskraut und Schafschwingel, auch das seltene gotländische Alpen-Mastkraut, ein Nelkengewächs.

Das Meer vor Digerhuvud ist ein beliebtes Tauchrevier, unter anderem wegen des 50–60 Meter tiefen Abgrundes, der an der sog. Pallkante in die Tiefe stürzt. Hier ist Vorsicht geboten, denn es können gefährliche Unterwasserströmungen auftreten. Dies ist auch ein beliebter Platz für Hobbyangler: Fische halten sich gern in der Tiefe hinter der Pallkante auf.

Koordinaten: Digerhuvud 57°58′53.18″19° 6′54.04″

18
Svarthällen
Langhammarshammaren
Snarudden
Västra riv
Fårö Norsholm
Gravfält
Vasstajnsviken
Karriv
Norsholmen
Fågelskyddsområde
Tällevika
Varpet
Ajkesvik
Lassorholmen
Grunnsänden
Langhammars
Langhammarsviken
16
17
Digerhuvud
Helgumannen
Aursviken
Naturreservat
Bohakasandet
Kurungsmyr
Ajkeslunda
Nordersand
Bondansträsk
Baggaträsk
Pukaträsk
Nors
Ajke
Butleks
Fifang
Ekeviken
Gasmora
Natur-
reservat
Sotalvret
Lauters stajnkalm
Bondans
Rojramyr
Kalbjärghobben
Sudergarda
Ullahau
Naturreservat
Kalbjärga
Sudernagen
Ajkesträsk
19
16
Langa våt
Smojumyr
Sylpovät
Källdurivshagen
Myrhagamyr
Norrsund
Skeppssättning
Simunds
Vinor
Sudersand
Stugby
Lillhaga våt
Fågelsk.omr.
Kalbjärga
Lautervik
Lauter
Fiskehamn
Sjöräddn.stn
Broskogs
L. Gasmora
Ringvida
Sudersandsviken
St. Marumyr
L. Marumyr
Vinngardsalvret
St. Gasmora
Träskholmen
Nystugu
Gamlaham
Alnäsaträsk
Nystugu
Gasmorhammaren
Friggars
Båta
Lauter
Hammarsändan

17. HELGUMANNENS FISCHERSTELLE

Die Silhouette der Strandhütten, die bei Helgumannen auf dem weißen Steinstrand dicht beieinander kauern, ist so etwas wie die Signatur Gotlands und der gotländischen Fischerstellen. Im 19. und frühen 20. Jh. war Helgumannen Fårös wichtigste Fischerstelle für den Heringsfang. Es heißt, dass ein heiliger Mann, ein Priester oder Mönch, hier gewohnt und tägliche Morgen- und Abendandachten gehalten habe. Die Fischerstelle und der Brunnen, Quelle des Heiligen Mannes, die nah am Strand liegen, sind nach ihm benannt. Noch immer führt der Brunnen Frischwasser.

Heute sind von der einstmals großen Fischerstelle nur noch 15 Strandhütten erhalten. Sie liegen in einer Reihe am Strand, schützen vor Wind und Meer. Einige haben ein nach alter Tradition direkt auf die Erde gestelltes Dach. Hinter den Hütten erstreckt sich der eingehegte Netzgarten als Trockenplatz der Netze. An der Strandkante kann man noch immer Spuren der Steinstränge erkennen, die im Wasser ausgelegt wurden, um die Landungsplätze der Boote zu markieren.

Hier arbeitete die bekannte Båta-Bol, eigentlich Bodilla Christina Jacobsdotter (1765–1833). Sie wohnte auf dem Hof Båta, 7 km von der Fischerstelle entfernt, und war die einzige Fischerin. Die Fischerei war ein schweres und gefährliches Geschäft, das sonst nur von Männern ausgeübt wurde. Allein segelte Bol ihr Boot von Helgumannen sogar bis nach Visby. Die Erinnerung an sie ist noch lebendig. So ist die Fåröfähre Bodilla nach ihr benannt.

Koordinaten: Helgumannens Fischerstelle 57°58′47.22″19° 7′53.44″

18. LANGHAMMARS UND BONDANS

Auf dem Weg zum Raukgebiet im Naturreservat Langhammars liegen einige ältere Höfe. Sie wurden nach gotländischer Bautradition in einer gut bewahrten Kulturlandschaft errichtet.

Auf Bondans stehen das Wohnhaus und der Schafstall auf einer gemeinsamen Hoffläche, umgeben von einer kunstvoll gelegten Steinmauer. Sonst war es seinerzeit auf Gotland üblich, Wohnhaus und Ställe durch Zäune voneinander zu trennen.

Das Wohnhaus ist 1783 errichtet worden, die anderen Gebäude im 19. und 20. Jh. Die Häuser des Hofs haben verschiedene Dachdeckungen. Der Schafstall und eine der Hütten sind mit Reet aus Riedgras gedeckt. Scheune und Tenne haben ein Dach aus lotrecht liegenden Kernholzbrettern, einige kleinere Häuser besitzen ein Torfdach. Weidende Schafe halten die Landschaft rund um Bondans offen. In der Nähe liegt ein See gleichen Namens.

Nördlich davon liegen die Höfe von Langhammars, der eine mit Resten aus dem Mittelalter, der andere aus dem 18. Jh. Am Anfang lagen die Höfe dicht beieinander, nur 5 Meter trennten sie, jetzt ist das nördliche Haus durch ein neues ersetzt worden. Nah der Häuser sind kleine Äcker angelegt, die in steinige Wiesen übergehen, welche bis zu den Raukar auf der Landzunge reichen. Die Höfe sind heute in Privatbesitz.

Koordinaten: Langhammars 57°59’44.63″19°10’49.62″

19. ULLAHAU

Avanäset, der östlichste Teil Fårös, unterscheidet sich vom südlichen und westlichen Teil durch den mit einer dicken Sandschicht bedeckten Boden. Dieser Sand hat sich einst aus Eisflüssen des schmelzenden Inlandeises abgesetzt. Die Vegetation ist ganz anders als in Gotlands kalkreichen Gegenden mit viel Besenheide und Blaubeeren in den Kiefernwäldern.

Hier liegt das Naturreservat Ullahau, eine große, hufeisenförmige Sanddüne. Als der Wald beweidet und deshalb abgeholzt wurde, erhielt der Sand freien Spielraum und die Ullahaudüne entstand. Im 17. und 18. Jh. wurde der Sand jedoch für das Umland problematisch, denn er begrub Ackerflächen und Bäume unter sich. Erst im 20. Jh. ließ sich seine Ausbreitung beenden, indem Strandroggen und Kiefern gepflanzt wurden, die nun einen Wald bilden. Heute ist die Sanddüne 15 Meter hoch und umfasst eine etwa 1 Kilometer breite Fläche. Zwei Wanderwege stehen zur Wahl, wenn man das Gebiet durchstreifen möchte. Hier wachsen Flechten und Moose wie Moosglöckchen und Schattenblume. Auch viele Insekten gibt es, unter anderem die seltene Heuschreckensandwespe. Besonders bekannt sind die Ameisenlöwen: die Larven der Ameisenjungfer. Sie vergraben sich in trichterförmigen Fanggruben im Sand und andere Insekten fallen hinein – direkt in die stacheligen Kiefer der Ameisenlöwen. Berühren Sie einmal die Kanten dieser Gruben mit einem Grashalm und schauen Sie, was passiert!

Koordinaten: Ullahau 57°57′24.78″19°15′13.31″

20. LERGRAV UND HUSKEN

Einer der merkwürdigsten Raukar Gotlands heißt Lergravstor. Er balanciert auf einem Hang bei Lergravs Fischerstelle im Nordosten Gotlands. Mit dem hohlen, hohen Rauk hat schon so mancher Besucher vor der Kamera posiert. Das gesamte Gebiet ist Naturreservat, gut 60 Raukar gibt es hier, der höchste wird Madonna mit dem Kind genannt. Der Hang ist teils sehr steil und erfordert gelegentlich ein Klettern, doch das ist der Mühe wert. Von oben hat man eine fantastische Aussicht über das offene Meer und die Inseln Furillen, Fjaugen und Klasen.

Die angrenzende Landzunge Husken umfasst ein Gebiet am östlichen Teil Vallevikens und ist ideal für Picknick und Spaziergänge. Auch hier gibt es ein kleineres Raukgebiet. Husken bildet einen 20 Meter hohen Hügel aus Riffkalkstein mit Raukar an den Abhängen. An der Südspitze ruhen enorme Kalkblöcke am Fuß der Steilklippe.

Koordinaten: Lergrav 57°47'38.57"18°59'18.81"

Sofieberg
Skokhem
St. Valle
Bräntings
Stora Valle
Hammarhagen
Gutehajd
Naturreservat
Puttersjaus
Skenholmen
Fågelskyddsområde
Skjutfält
Myrlandet
Fardume
22
22
Valleviken
20
Lergrav
Fitudden
V Stajnnäs
Ö Stajnnäs
Storholmen
Naturres.
Fardume träsk
Norrgårdholm
Naturreservat
Fågelskyddsområde
Österåkersriv
Östervik
Blåbärsholm
Lillmyren
Värne
Sundsnäset
Furildens gård
Vallevik
Naurres.
Husken
Hellvi
Gravfält
Huskeudd
Karthaken
Sothällar
Furilden
Vivlings
Norrgårde
Malms
Herrvik
21
Sajgs
Hauen
Fjaugen
Hemmungs
Strandridaregården
Museum
Kännungs
Längers
Naturreservat
Kyllajhajdar
Kyllaj
Lerviken
Klasen
Sudergårde
Stengrinde
Nystugu
Lörge
Lörgeudd
Naturreservat
Suderudd
Hide
Lörgeholm
Penden
Hideberget
Smöjen
Storgraut

21. FURILLEN

Südlich von Lergrav im nordöstlichen Gotland führt eine Brücke hinüber zur Insel Furillen. Seit Beginn des 20. Jh. haben verschiedene Unternehmen hier Kalkstein gebrochen und weiter verschifft. Als die Steinbrüche stillgelegt wurden, hat das Militär die Insel übernommen und bis Ende der 1990er-Jahre als Übungsgelände genutzt.

In die alten Gebäude der Kalksteinindustrie ist inzwischen neues Leben eingezogen, sie bieten nun Hotel-, Restaurant- und Konferenzräume. Am Strand erheben sich noch immer hohe, kahle Kalkkiesberge und mancher Überrest von Kai- und Krananlagen der Steinindustrie.

Schmale Kieswege führen durch Furillens karge Natur mit Nadelwald, Sand- und Steinstränden, Klippen, Felsmark und wassergefüllten Steinbrüchen. Der nördliche Teil der Insel ist Naturreservat. Hier besteht der Wald, der beweidet wird, aus urwüchsigen Kiefern und Feuchtgebieten.

Südlich des Waldes breiten sich Strandwiesen aus. Das Vogelleben ist sehr reich: Brandgans, Löffelente, Großer Brachvogel, Rotschenkel und andere Arten treiben sich hier herum. In manchen Jahren brüten auch Baumfalken in Furillens Wald. Im Gefolge der Sägewerke, die es um 1900 auf der Insel gab, nahm eine Teerfabrik in den 1920er-Jahren ihren Betrieb auf. Als Rohmaterial verwandte man Baumstümpfe, die bei der Waldabholzung Anfang des 20. Jh. übriggeblieben waren. Bis in die 1980er-Jahre wurde die Fabrik sporadisch genutzt.

Koordinaten: Furillen 57°45′34.08″19° 0′32.75″

22. FARDUME TRÄSK UND FARDUME SCHLOSS

In der Gemeinde Rute im Nordosten Gotlands liegt der Fardume Träsk, der drittgrößte Binnensee Gotlands. Während der Wikingerzeit und im Mittelalter war der See eine Meeresbucht. Am nordöstlichen Strand wurden im 13. Jh. Steinhäuser errichtet, die heute Fardume Schloss genannt werden. Von dort hat man eine schöne Aussicht über den See. Das Wohnhaus der Ruine besitzt einen gut erhaltenen Vorratsraum im Erdgeschoss. Darüber befand sich früher ein Wohnraum mit Feuerstelle.

Einst nannte man Fardume Schloss nach dem legendären dänischen Lehnsherren und Kaperer, der im 16. Jh. auf Gotland herrschte, Sören Norrbys Keller.

Hinter der Ruine findet man Überreste eines mittelalterlichen Verteidigungsturmes, Mynttornet genannt. In späterer Zeit wurde das Kastal als Magazin genutzt.

Storholmen, mitten im See, ist ein Naturreservat, in dem es ein für Gotland ungewöhnliches Hochmoor gibt. Es ist aus Dichtem Torfmoos entstanden und ähnelt den norrländischen Mooren. Das Wasserniveau des Sees wurde im 19. Jh. gesenkt, jetzt ist er sehr flach, kaum mehr als 1,5 Meter an der tiefsten Stelle. An den See grenzen große Feuchtgebiete, in denen sich Reet und Schilfrohr ausbreiten. Viele Vögel fühlen sich hier wohl, auch Rohrdommeln, Blässhühner und Rohrweihen finden hier Brutplätze.

Koordinaten: Fardume Träsk 57°47′42.59″18°55′39.44″
Fardume Schloss 57°47′59.2″18°55′36.4″

23. DOMARLUNDEN UND SANGELSTEIN AUF LAIKARHAJD

1029 kam es laut der Gutasage zwischen den Gotländern und dem norwegischen König Olav Haraldsson, später „Olof der Heilige“, auf der Heide zwischen Hellvi und Lärbro im Norden Gotlands zum Streit. Der König wollte die Gotländer zum Christentum bekehren, doch als das gotländische Heer sich näherte, bekam er Angst, kniete auf einem Stein nieder und betete. Noch heute sollen die Abdrücke seiner Ellenbogen und Knie sichtbar sein.

Der Stein auf der sagenumwobenen Laikarhajd heißt Sangelstein, denn er „singt“ (sanggla, Altgotl.), wenn man an ihn klopft. Schalenartige Vertiefungen sind in den Stein gehauen, von ihnen ist in der Sage als den Abdrücken Olofs des Heiligen die Rede. Wahrscheinlich sind sie schon in der Bronzezeit (1800–500 v. Chr.) in den Stein gemeißelt worden. Dem Volksmund nach hat man hier vor langer Zeit Kleinigkeiten geopfert, um dunkle Mächte zu bezwingen.

Auf dem Gräberfeld Domarlunden gibt es ein bronzezeitliches Steinhügelgrab und fünf Schiffssetzungen aus derselben Zeit, meist wurden die Toten dieser Gräber vor der Bestattung verbrannt.

Koordinaten: Domarlunden 57°47′5.90″18°48′53.85″

24. KIRCHE UND KASTAL VON LÄRBRO

Gotischer Stil und Spitzbogenfenster zeichnen die Kirche von Lärbro aus. Ihre ältesten Teile stammen aus dem späten 13./ frühen 14. Jh. Die Originalmalereien des Kirchengewölbes sind erhalten. Der achtkantige Turm besaß ein Galeriegeschoss, figurenreiche Wasserspeier zieren sein Portal. Im 16. Jh, wurde er durch einen Sturm so schwer beschädigt, dass das oberste Geschoss abgetragen werden musste und die Kirche ihr heutiges Aussehen erhielt. Auf Gotland hat nur die Heiliggeistkirche in Visby einen ebenso ungewöhnlichen Turm.

Ein mögliches Vorbild kann der Nidarosdom im norwegischen Trondheim gewesen sein, wo Olof der Heilige, Gotlands wichtigster Heiliger im Mittelalter, begraben ist.

Die Kirche wird auch mit der blutigen Sage von Takstainarn oder Nicolaus (Nils) Taksten verknüpft. Er soll so mächtig gewesen sein, dass der Priester nicht mit dem Gottesdienst beginnen durfte, bevor Nils seinen Platz eingenommen hatte. Als der Geistliche es einmal aber doch getan hatte, entbrannte eine Schlägerei, bei der Takstainarn getötet wurde. Von da an spukte er auf seinem Hof Takstens nördlich von Lärbro, aber es gelang einem Zauberer, ihn mit einem Runenstab zu fangen und vor dem Chorportal in der Kirche zu begraben.

Neben der Kirche steht ein Kastal aus dem 12. oder 13. Jh. mit mehreren Geschossen. Es wird heute als Glockenturm verwendet.

Ein Teil des Kirchhofs beherbergt etwa 40 Gräber aus dem Zweiten Weltkrieg. Das Kriegslazarett in Lärbro hatte damals baltische Flüchtlinge, geflohene deutsche Soldaten und nach Kriegsende auch Überlebende aus den Konzentrationslagern Europas aufgenommen.

Koordinaten: Kirche von Lärbro 57°47'11.60"18°47'38.59"

Naturreservat
Stajnstumyr
L. Vikers
St. Vikers
Gåsmyr
Kaupa
Lillmyr
Djaupvät
148
Bergtäkt
Staplebacke
Gardhagen
Gravfält
Tängelgårde
nlehajm
Skepps-sättningar
Gravrösen
Krogen
Norderskogen
llemyr
Simunds
Långrose
Takstens
Nors
Källstäde
Norder-Ire
Bergtäkt
Ajkängen
Tjärdal
149
Gravfält
Ganns ödekyrka
25
Norrvange
elgårde
Västninge
25
Gravfält
Lilla Ire
Högan
Kauparve
Gravfält
Hångers
Uppegårds
Lärbro
ojmyr
24
Liffride
23
23
Sudervange
Stora Ire
Lillmyren
Hagmyr
Skuttlings
Angelbos
Hägvide
Skogslund
Kajlungs
Gravrösen
Hajdhagen
Norrbys
Banne
Suderskogen
Aftonvät
Skeppssättning
Britmyr
Fornborg
Bjärsbacken
Norrbys
Norrg
urreservat
Glästäde
Pavals
Hajdhagen
Väthagen
Ridhus
St. Bjärs
Hemmun
Busarve
Stengrinde
Kännungs
Gravrösen
St. Vägume
Stenstugu
Stensättning
Barshage
148
Gisslause
Kviende
Kumble
Brutens naturres
Hammarsäng
Dagghagens
Stengrinde

25. HÅNGERS QUELLE UND KIRCHENRUINE GANN

Unmittelbar vor Läbro liegt die vielbesungene Quelle von Hånger. Heute ist sie vor allem bekannt, weil Bischof Israel Kolmodin am Ende des 17. Jh. hier das Lied Den blomstertid nu kommer (Jetzt kommt die Blütezeit) geschrieben hat. Der Bischof war Pfarrer in Lärbro. Man kann sich gut vorstellen, dass der idyllische Hain und die malerische Umgebung ihn zu dem naturlyrischen Text angeregt haben, der bei vielen Schulabschlussfeiern gesungen wird.

Den blomstertid nu kommer med lust och fägring stor.
Du nalkas, ljuva sommar, då gräs och gröda gror.

Jetzt kommt die Blütezeit mit Lust und Farbenpracht.
Du näherst dich, lauschiger Sommer, wenn Gräser und Samen sprießen.

Die Quelle, deren klares und kaltes Wasser zwischen den Bäumen sprudelt, soll der Sage nach verjüngend wirken. Doch es heißt auch, ihr Wasser könne Menschen verrückt machen. Hångers Quelle ist seit 1968 Naturdenkmal.

In der Nähe liegt die Kirchenruine Gann, auch sie ist einen Besuch wert. Die Kirche wurde im 13. Jh. erbaut, jedoch im 16. Jh. aufgegeben. Für Gottesdienste oder aus besonderem Anlass wurde sie aber weiterhin genutzt. Eine Anekdote erzählt, dass Bischof Kolmodin am Mittsommertag 1692 in der Kirche das Hochamt halten sollte und recht früh vor Ort war. An Hångers Quelle habe er sich die Zeit vertreiben wollen und dort die Inspiration für sein Lied erhalten. Noch immer werden z. B. Trauungen in der Kirchenruine Gann vorgenommen.

Koordinaten: Hångers Quelle 57°47′21.19″18°45′10.31″

26. S:T OLOFSHOLM UND KYLLAJ

Die Landzunge S:t Olofsholm im Nordosten Gotlands hieß früher Akergarn. Der heutige Name geht auf den norwegischen König Olav Haraldsson zurück. Laut der Gutasage soll er im 11. Jh. zur Christianisierung der Gotländer beigetragen haben. Die Legende erzählt, dass auf einer Erhebung der Landzunge ihm zu Ehren eine Holzkapelle errichtet wurde. Archäologische Untersuchungen im Jahr 2013 bestätigten, dass es in der Mitte des 11. Jh. dort eine Holzkirche gab. Sie wurde im 13. Jh. durch eine Steinkirche ersetzt, Spuren ihrer Fundamente gibt es noch.

Unten am Strand stehen Raukar. Einer, südwestlich des Platzes, an dem die Kapelle stand, hat eine Vertiefung, S:t Olofs Wasserbecken. Es heißt, die Gotländer seien hier getauft worden.

Im 17. Jh., als Gotland dänisch war, ließ der dänische König Gotlands ersten Kalkofen auf S:t Olofsholm bauen. Reste einer Ladebrücke und Schienen, auf denen der Kalkstein zu den Schiffen verfrachtet wurde, zeugen von der Kalkgewinnung späterer Zeiten.

In der geschützten Bucht liegt ein beliebter Badestrand.

Auch Kyllaj und Lörge nordöstlich von S:t Olofsholm sind von der Kalkindustrie geprägt. In Kyllaj entwickelte sich eine Ortschaft mit Geschäften, Kalkpatronhöfen und Arbeiterwohnungen. Manche Kalköfen aus der Zeit sind noch heute erhalten.

Das gelbe Stein- und Fachwerkhaus Strandridaregården in Kyllaj ist von dem Strandvogt und Kalkpatron Johan Ahlbom 1730 gebaut worden. Der Strandvogt war ein Zollbeamter, der die Gegend vor ungesetzlichem Handel schützen sollte. Der Hof ist heute in Privatbesitz.

Auf den beweideten Hügeln oberhalb des Hofes findet sich wunderschön gelegen ein Raukfeld. Linné hat 1741 eine feine Zeichnung der Steinriesen, wie er sie nannte, angefertigt.

Koordinaten: S:t Olofsholm 57°43'5.24"18°54'29.75"

Norrbys
Pavals
Hajdhagen
Norrgårde
Bångå
Sajgs
Hauen
St. Bjärs
Hemmungs
Fjauge
Stengrinde
Strandridaregården
Museum
St. Vägume
Gravrösen
Kännungs
Längers
Naturreservat
Kyllajhajdar
Kyllaj
Stensättning
Klasen
Sudergårde
27
Stengrinde
Brutens
naturres.
Hammarsäng
Dagghagens
naturreservat
Nykrok
Nystugu
Gravfält
Daggmyr
Lörge
Lörgeudd
Naturreservat
Skärsudden
Hoburgs
myr
St. Hammars
Hide
Lörgeholm
Stajnskär
Hideberget
Smöjen
Rävlen
Fågelskyddsomr.
Majstermyr
Vägumeviken
Kalkugnar
Barläst
Lörgeskär
147
Hideviken
Sajgs
naturreservat
Aurskallsviken
Sandviken
Naturres.
Smöjeudd
Nystugu
Nybrov.
Näsudden
S:t Olofsholm
26
Närs
Österby
S:t Olofs kyrka
Norderudde
Naturres.
Ytterholmen
Naturreservat
Boda
Bodudden
Talludd
Cement
ind.
Svarta viken
Kraftverk
Asunden
Slite
Naturreservat
Gotlandskustens naturreservat
med 100-300 m bredd
längs hela kusten
Växthus
Fiskehamn
Lotsstation
Kitteln
Hojskär
Bredv.
Slottsbacken
Smällhulet
Kalvhäll
Enholmen
Grunnet
Storloppet
Sjuströmmar
Djuploppet

27. HAMMARSÄNGET

Hammarsänget ist eine der größten Laubwiesen Nordgotlands. Beweidung und Mahd sorgen dafür, dass gewisse Pflanzen besonders gut in der offenen Landschaft gedeihen. Im Frühsommer füllt sich die Wiese mit gelben Butterblumen, Weißem Steinbrech und duftenden Maiglöckchen. Mai und Juni ist die Zeit der Orchideen: Männliches Knabenkraut, Helm- und Brandknabenkraut und Langblättriges Waldvöglein. Stattliche Eichen rahmen die Wiese ein und im Süden und Südwesten sind Überreste u.a. von Hausfundamenten aus der älteren Eisenzeit (0–500 n. Chr.) zu entdecken. Früher gab es noch fünf Bildsteine aus dem 8. Jh. (jüngere Eisenzeit). Eine Weile lagen sie gestapelt auf der Wiese, bis vier von ihnen ins Bungemuseum kamen. Der fünfte Stein war da schon lange verschwunden.

Die Wiese bietet Tische und viel Platz, um sich mit Picknickkörben niederzulassen. Sie ist Teil des Naturreservats Daghagen und wird vom Heimatverein Lärbro gepflegt.

Koordinaten: Hammarsänget 57°44′59.25″18°51′2.96″

Finger-Kuhschelle

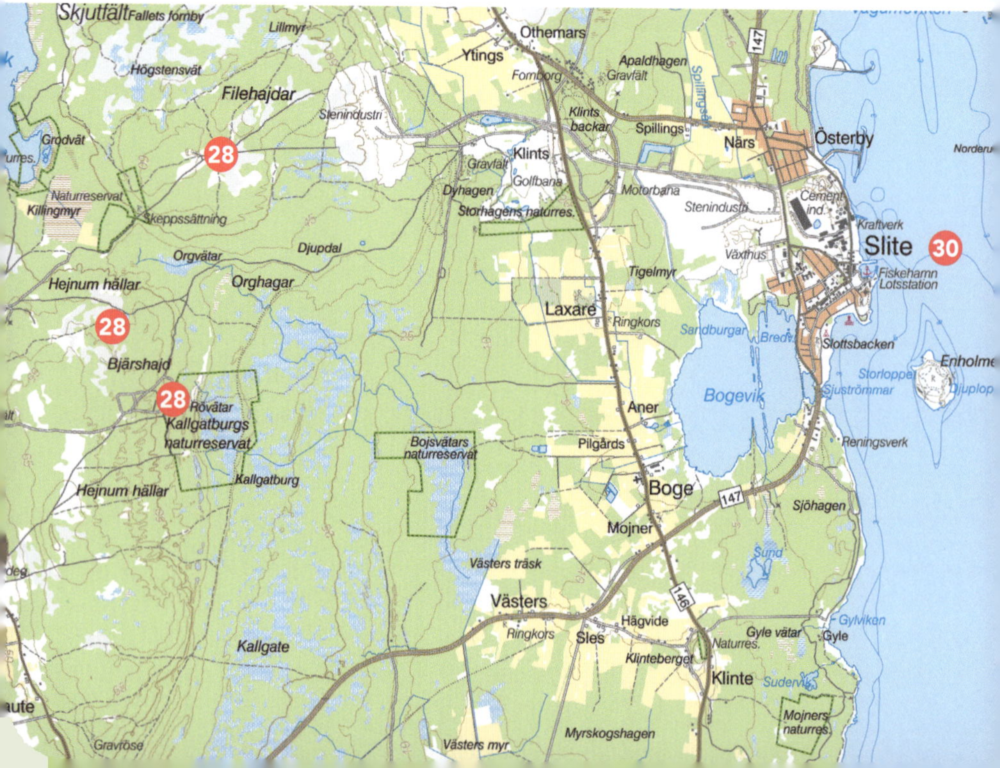

28. HEJNUM HÄLLAR, FILEHAJDAR UND KALLGATBURG

In einem der größten Waldgebiete Gotlands liegt das Naturreservat Kallgatburg. Durch das 120 Hektar große Gebiet führt ein 2,5 Kilometer langer Naturpfad. Er erstreckt sich unter anderem durch das Niedermoor Rövätar am östlichen Hang der Felsmark Hejnum Hällar. Wasser, das durch die Felsmark heruntersickert, staut sich und bildet dieses spezielle Feuchtgebiet mit seiner besonderen Vegetation. Hier findet man unter anderem Alpen-Fettkraut, das es sonst nur im Gebirge gibt. Am Rand des Moores wächst Schwedens größter Eibenbestand. Die Bäume stehen so dicht, dass kaum ein Lichtstrahl den Boden erreicht.

Der Naturpfad führt weiter zu einem hohen Strandwall, der vor 10 000 Jahren gebildet wurde, als der Wasserspiegel der Ancylussee am höchsten war und auf dem früher die Landstraße zwischen Visby und Bunge verlief. So leitet sich auch der Name Kall-Gate her: allgemeine Straße (schwed. gata) oder aber Karls Straße nach Karl XI., der sie im 17. Jh. befahren haben soll. Von hier aus kann man einem Pfad ostwärts durch einen feuchten Wald folgen zu einem prachtvollen Bestand von Orchideen: dem Gelben Frauenschuh, der hier Anfang Juni blüht.

Westlich und nördlich von Kallgatburg breiten sich die großen Wald- und Felsmarkgebiete Filehajdar und Hejnum Hällar aus. Die kargen Kalkfelsen sind mit einer dünnen Erdschicht bedeckt, in der nur anpassungsfähige Pflanzen wachsen. Filehajdar ist berühmt für die im Norden größte Population der geschützten und rot gelisteten Finger-Kuhschelle, einer 10–35 Zentimeter hohen Pflanze mit großen blau-lila Blütenkelchen, die im April austreibt. Ein Naturschutz- und Natura 2000-Gebiet soll hier u.a. die Finger-Kuhschelle schützen.

Koordinaten: Hejnum Hällar 57°42'24.09"18°39'42.86"
Filehajdar 57°43'15.71"18°40'51.16"
Kallgatburg 57°41'44.05"18°40'18.29"

Bryor
Suderhagen
Austris
Gartarve
Lunds
Rosarve
Sojdbrohage
Mil. övn.omr.
Mil. övn.omr.
Nystugu
Smiss
Mil. övn.omr
29
Smissgras
Fallet
Furbjärs
Mil. övn.omr
Skjutfält
Tingstäde
29
29
Tingstäde träsk
Bulverket
Lillgras
Militärt övningsområde
Grodvät
Naturres.
Naturreservat
Killingmyr
Duroj
Kohagvät
Gravröse
Storgras
Hejnum hällar
Rings
Bjärshajd
Skeppssättning
Norderäng
Bjärs
Gravfält
Gravröse
Bildsten
Nygårds
Riddare

29. TINGSTÄDE TRÄSK, FESTUNG UND MUSEUM

Tingstäde Träsk ist der zweitgrößte Binnensee und eines der größten Trinkwasserreservoire Gotlands. Er wird im Norden und Westen von Tingstädeåsen, einer wallartigen Aufschüttung aus Schmelzwassergeröll (Os), gestaut. Auf ihr verläuft teilweise die Straße nach Fårösund.

Auf dem Seegrund befindet sich eine merkwürdige quadratische Verteidigungsanlage – Bulverket. Auf vier 170 Meter langen Holzplattformen, die früher über der Wasseroberfläche lagen, haben kleine Holzhäuser gestanden. Um das Quadrat zieht sich ein Palisadenwerk aus Holzstämmen, die in den schlammigen Seegrund geschlagen wurden. Verschiedene Funde und die Datierung von Holzteilen belegen, dass die Anlage am Ende des 10. bis zum 12. Jh. in Gebrauch war. Ein Brand hat das Bollwerk zerstört, doch Überreste sind vom Boot aus oder durch das blanke Eis im Winter sichtbar.

Nordwestlich des Sees, teilweise eingegraben in das Os, liegt die Festung Tingstäde, eine Verteidigungsanlage, die im Ersten Weltkrieg fertiggestellt wurde. Der Bau hat sich hingezogen und militärtechnisch war die Anlage bereits veraltet, als sie Anfang des 20. Jh. in Gebrauch genommen wurde. Sie beherbergt Vorratsräume und Quartiere für 300 Personen.

Heute ist die Festung Tingstäde ein Museum. Aufsicht und Führungen werden vom Heimatverein Tingstäde besorgt.

Verteidigung und Militär waren ein bedeutsamer Teil gotländischer Geschichte, in Tingstäde wird das deutlich. Ein kleines Stück von der Festung entfernt, im Ort, hat Gotlands Militärmuseum seinen Platz. Es zeigt die Geschichte des Heeres, der Luftwaffe und der Marine von den Anfängen bis heute und wird vom gleichnamigen Verein betrieben.

Koordinaten: Tingstäde Träsk 57°44'19.68"18°37'31.03"
Tingstäde Festung 57°44'15.17"18°37'7.12"

30. SCHÄRENGARTEN VON SLITE MIT ENHOLMEN UND ASUNDEN

Gotlands einziger Schärengarten liegt vor Slite an der Nordostküste. Einige der rund zehn kleinen kargen Inseln sind lange von Schafen beweidet worden. Das hat die Landschaft offen gehalten und zu einem großen Pflanzenreichtum beigetragen. Auch das Vogelleben ist mit Watvögeln, Enten und Möwen vielfältig. Unter der Wasseroberfläche ist die Natur genauso reich: Unterwasserraukar, Sandgründe, Seegraswiesen, Miesmuscheln und Blasentang. Die Inseln bilden mit der umgebenden Meeresfläche ein Naturreservat.

Zwischen Vägumeviken und Hideviken führt eine schmale Brücke zur Insel Asunden. Sie war früher militärisches Gebiet, jetzt ist sie autofrei und offen für Besucher. Die Insel besteht zum großen Teil aus offenen, beweideten Grasflächen. Viele Vögel rasten und brüten hier. An Asundens Ostseite gibt es ein großes Raukfeld.

Zur Insel Enholmen verkehren im Sommer von Slite aus Boote. Spuren hunderter Jahre Militärgeschichte finden sich hier, so z. B. die Festung Enholmen, deren Bau während des Krimkrieges begonnen und 1858 fertiggestellt wurde, auch Reste einer Festung aus dem 18. Jh. und von Schützengräben aus beiden Weltkriegen. Zu manchen Zeiten, etwa während Choleraepidemien, besaß Enholmen eine Quarantänestation. Auf einem Friedhof an ihrer Westseite sind Choleraopfer begraben.

Koordinaten: Schärengarten von Slite 57°42′21.88″18°48′28.96″

Östliches Gotland

Seite

3
3

31. TJELVARS GRAB

Tjelvars Grab in Boge ist eine legendäre Schiffssetzung aus der jüngeren Bronzezeit (ca. 1100–500 v. Chr.). Nach der Gutasage war Tjelvar der erste Mensch auf Gotland, er soll hier begraben sein. Die Gutasage ist Teil des im 13. Jh. niedergeschriebenen gotländischen Landschaftsrechts, des Gutalag. Die Sage erzählt von der verwunschenen Insel Gotland, die jeden Tag im Meer unterging und sich nur des Nachts wieder an die Oberfläche hob. Doch weil Tjelvar das Feuer auf die Insel brachte, versank sie niemals mehr.

Das Grab ist 18 Meter lang und 5 Meter breit. Die Höhe der Steine, die die Reling bilden, nimmt zur Mitte des Schiffes hin ab. Im Inneren ist das Schiff mit Steinen gefüllt, die eine Art Bootsdeck bilden. Als Archäologen das Grab 1938 restaurierten, entdeckten sie einen geplünderten Sarg aus Steinplatten mit Skelettresten und Scherben.

Alle 350 Schiffsetzungen auf Gotland stammen aus der Bronzezeit, im übrigen Schweden sind sie sowohl bronze- als auch eisenzeitlich.

In der Umgebung von Tjelvars Grab befinden sich noch zwei Fluchtburgen aus der älteren Eisenzeit, ca. 0–550 n. Chr.

Koordinaten: Tjelvars Grab 57°37′42.93″18°44′4.16″

Västers
Ringkors
Sles
Hägvide
146
Gyle vätar
Gyle
Gylviken
Naturres.
Klinteberget
Klinte
Sudervik
Mojners naturres.
Kallgate
Graute
Gravröse
Västers myr
Myrskogshagen
Bälsalver
147
Alvdyarna
Gravfält
Bläckvätarna
Ajstudden
Långriv
Friggars
Friggarsriv
Gute
Gane
Tjälderviken
Gute
Husgrunder
Djauvät
Gravfält
Bandshagå
Vike
Museum
Lillgutmyr
Skogs
Sudergårde
Stenstugu
Brajdgatskogen
Naturreservat
Brändan
Spinnbjärsbacke
Blautmyr
Fornborg
Tjälderholm
Tjälder
Austerudd
Norrgarde
31
Tjelvars grav
Skeppssättning
Bjärs
Gravfält
Mästermyr
Vitviken
Svartvät
Majsterrojr
Gothems strandbad
Åminne
Alvena
Naturres.
Gravfält
Malmunde
Gravfält
Gothemån
Gothemhammar
Slumre
Gännor
Gravfält
146
Sandkullen
Hamremyr
Hägvalds
Nyholm
Byngnu
Gravfält
Botvalde träsk
Svalings
Stormaker
Spännarve
Busarve
Grinds
Uppgarde
Magnuse
Grinds
Nygårds
Rå
Fjärdinge
Botvalde
Botvaldevik
Botvaldevik
Medebys
Västerbjärs
Hage
Kaupungs
Fiskehamn
Gammalvät
Nybingels
Bygdeg.
Tummungs
Hinser
Burgar
Viby
Gravfält
Gothemån
Jusarve
Bäntebingels
Fredvalds
Båtars
Dränklunde
Magnuse
32
Medebys
Vadar
Medebys bodar
Naturreservat
Suderbys
Råbyträsk
Gravhög
Gothem
Hinser
L. Gajrvide
Langskog
Kyrkebinge
Tangen
Line myr
St. Gajrvide
Storsund
Line träsk
Naturreservat
SNF-reservat
Sojdmyr
Fågeltorn
Äspmyr
Lillsund
Kyrkebing grunn
Gravröse
Kyrkmyr
Vallmyr
Trullbruten
Agbod
Fjärden
Line
Bunkmyr
Storhagen
Sinkriv
Burgar
Sinkmyr
Gravröse
Nors
Naturreservat
Näsar
Timans
Buters
Branden
Vaters
Hangre
Suders
Stajntjaut
146
Näsudde
Hangrebod
Bunne
Sikhagvät
Klappviken
Uggardsriv
Gistungen
Gravfält
Kajsarskogen
Skeppssättningar
Grunnsudden
Butrajvs
Myrhagen
Hamstädarvätén
Stensättningar
Djupåviken

32. KIRCHE UND KASTAL VON GOTHEM

Die stattliche Kirche Gothems aus dem 13. Jh. ist für die wunderschönen Wandmalereien ihres Langhauses bekannt. Inspiriert von mittelalterlichen bestickten Gobelans hat ein deutscher Künstler Adler, Drachen, Ritter und Kentauren gemalt, dazwischen religiöse Motive. Hier und da finden sich gemalte Aufhängungsösen. Auf einer der Wände erzählen gemalte Szenen von den jahreszeitlichen Arbeiten des Bauern, in Schweden einmalig.

Die Kirche bewahrt auch ein bemaltes Chorgestühl aus dem 14. Jh. Es war dem Chor vorbehalten, während die Allgemeinheit für ihr Mobiliar selbst zu sorgen hatte. Erst nach der Reformation wurden Kirchenbänke aufgestellt.

Eine hohe Mauer mit drei bedachten Portalen rahmt das Gotteshaus ein. Westlich der Kirche finden sich Ruinen eines Kastals, eines Verteidigungsturms aus dem 12. Jh. Der Pfarrhof besitzt ein mittelalterliches Gartentor mit Treppengiebel.

Koordinaten: Kirche von Gothem 57°34'29.89"18°44'8.10"

33. ALVENA LINDARÄNG

Die Lindenwiese von Alvena nahe der Kirche von Vallstena ist eine der größten Laubwiesen Gotlands. Es ist schön, die von Laub beschattete Wiese zu durchwandern. Wer sich eine Weile ausruhen möchte, findet hier auch Bänke und Tische. Heute steht die Wiese im Netzwerk Natura 2000 unter Schutz und wird nach alter Tradition durch Laubharken und Sensenmahd gepflegt.

Auf der Wiese wachsen viele Waldlinden, der einzige größere Bestand auf Gotland, daneben auch Eichen, Eschen, Haselnussbäume, Birken und Espen. Viele der Linden und Eschen wurden stark gestutzt, um das Laub als Futter zu gewinnen. Gekappte Bäume werden allerdings oft von Pilzen angegriffen. Verrottet der Baum dann, bilden sich Hohlräume, in denen Höhlenbrüter wie Stare und Waldkäuze nisten. Die Eschen sind jedoch vom Eschentriebsterben betroffen, was ihren Bestand dezimiert hat. Gut 20 Vogelarten brüten auf der Wiese, darunter der Halsbandschnäpper, eine für die gotländischen Wiesen charakteristische Art, in Schweden sonst nur noch vereinzelt auf Öland zu entdecken.

Im Frühling und Frühsommer blühen Orchideen auf der Laubwiese: verschiedene Knabenkräuter, die Zweiblättrige Waldhyazinthe und die Mücken-Händelwurz. An schattigeren Plätzen findet man das Wunder-Veilchen und das Wald-Veilchen. Seltene Gräser wie das Perlgras, der Wildhafer und die Wald-Trespe wachsen auch hier.

Im Herbst findet man Pilze wie den Blaugestiefelten Schleimkopf, den Bitterschwamm und den Goldzahn-Schneckling und in warmen Sommern auch den giftigen Roten Satans-Röhrling, den es in Schweden nur auf Öland und Gotland gibt.

Hausfundamentreste der Eisenzeit belegen, dass hier Höfe mit Wohnhäusern, Ställen und Wirtschaftsgebäuden lagen. Es sind Fragmente steinerner Einfriedungsmauern und Reste einer Wasserstelle erhalten.

Koordinaten: Alvena Lindaräng 57°36'37.45"18°38'38.02"

34. KIRCHE VON KÄLLUNGE

Das etwas unproportionierte Aussehen der Kirche von Källunge rührt daher, dass das Geld für die großartigen Umbaupläne wie an anderen Orten auch nicht reichte. Um 1300 etwa sollte die damals 200-jährige Steinkirche in einen prachtvollen gotischen Sakralbau verwandelt werden. Doch zu Beginn des 14. Jh. wurden die Zeiten schlechter und kostenintensive Bautätigkeiten auf der Insel kamen fast ganz zum Erliegen. Ab Mitte des 14. Jh. wurde im Prinzip gar nicht mehr auf Gotland gebaut. Die Gemeinde in Källunge musste sich also mit dem alten Turm und dem minimalen Langhaus begnügen. Noch heute ist das Fundament des geplanten neuen Langhauses entlang der Nordseite der Kirche zu sehen.

Als die alte Turmspitze bei Renovierungsarbeiten in den 1930er-Jahren abgenommen wurde, entdeckte man, dass sie eine dekorierte Wetterfahne war, die am Bug eines Wikingerschiffes gesessen haben könnte. Das Original befindet sich heute in Gotlands Museum, die Kirche von Källunge behielt eine Kopie.

Am Kapitell des Langhausportals schildern Steinskulpturen mittelalterliches Alltagsleben. Das gotische Portal war eigentlich für die neue Kirche bestimmt. Im Langhaus und im Triumpfbogen sind Reste russisch-byzantinischer Kalkmalereien vom Ende des 12. Jh. erhalten.

Koordinaten: Kirche von Källunge 57°36'28.40"18°35'1.33"

Ostliches Gotland
Ryftes
Hajdes
Sojdungs
Lillfole
Kisslings
Bondarve
L. Sojdeby
St. Sojdeby
Gravfält
Lillbälls
Gute
Husgrunder
Djauvät
Südergarde
Stenstugu
Brajdgatskogen
Ekeskogs
Skällhorns
Krampbro
147
L. Tollby
Larsarve
Norrgarde
Stentollby
Suderbys
Burs
St. Tollby
Bjärs
Skäggstäde
Bjärge
Svartvät
Suderbys
Allkvie
Malmen
Bölungs
Gudings
33
Alvena
Kullsarve
Naturres.
Gravfält
Bygdegård
Kullingbos
Källunge
Vallstena
Bygdegård
Slumre
Gännor
Öjars
Smide
Hägelsarve
Uggårds
34
Gravfält
Hägvalds
Godrings
Gravfält
Säggeby
Grinds
Uppgarde
Grinds
Aumunds
Gannarve
Nygårds
Rå
Enänge
Stenstugårds
Hommunds
Medebys
Medebys
Kvie
Simunde
Bara
Gammalvät
Österby
Ardags
Stenstugårds
Bara ödekyrka
Baraberget
Bygdeg.
Gothemån
Gravfält
Gravfält
Nyhagmyr
Anderse
Dränklunde
Brunnmyr
Südergårde
Sikmyren
Myrberga
Hallgårds
Råbyträsk
Gravhög
Langskog
Tallmyr
Line myr
Malmhagen
Bruten
Norrbys
Snauvalds
Naturres.
Smiss
Line träsk
SNF-reservat
Anderbåtels
Mattsarve
Stenstugu
Äspmyr
Snauvalds
Vidunge
Siggur
Näsungs
L. Mörby
Museum
Dibjärs
Hörsne
Hörsneån
Kaungs
Dune
Line
Dibjärs
Burgar
Räkarve
Busarve
Skola
Binge
Timans
Buters
Naturreservat
Hallvide
Dalhem
Gravfält
Line
St. Mörby
Nybjärs
Stajntjaut
35
Bygdeg.
Gandarve
Dungårde
Museum
Timans
Hässelby
Dungårde
Dalhemå
Holmmyr
Bunne
Sikhagvät
Hallfose
Munkebos
Slitegårds
Rasnar
Grinder
Burge
Butrajvs
Nygårds
Myrhagen
Hamstädarvätén
Stensättningar
Tomte
Hamstädar
Burs
Gravfält
Granskogs
Gravfält
Hembygdsg.
Unsarve
Liste
Munkebos
Tule
Gravfält
Norrbys
Godrings
Bruten
Fornborg
Rasneskogen
Nergardar
Kumble
Björke
Lajvstäde
Ganthem
Dalbo
Smiss
Gravfält
Nygranne
Båtels
Kambs
Ekeskogs
Broe
Mangsarve
Ekebys
St. Bringes
Norrlanda
Petsarve
Skäringsmyr
Bjärby
Hällinge
Tule

35. MUSEUMSEISENBAHN IN DALHEM

Weniger als 90 Jahre, nachdem die Eisenbahn nach Gotland gekommen war, wurde sie stillgelegt. Der letzte Personenzug fuhr 1960. Es gab einige Eisenbahnlinien von Visby, u.a. nach Lärbro im Norden und nach Burgsvik im Süden.

Um die Geschichte der Eisenbahn für die Nachwelt zu bewahren, wurde 1972 der Verein Gotlandståget gegründet. Er kaufte das Gelände um die Station Hesselby in Dalhem an der Strecke Visby-Hemse, die 1878 für den Verkehr geöffnet worden war.

Der Verein erwarb eine Dampflok und einige Personen- und Güterwagen. Der Bahnhof, die Wagen und die Lok wurden überholt. Es gab kein Gleissystem mehr, aber eine 1 km lange Schienenstrecke wurde wiederhergestellt, auf der die Museumsbahn zur Haltestelle Eken und zurück fuhr. Später wurde die Linie ein paar Kilometer bis zur Station Thule verlängert. Seit 2015 führt sie bis nach Roma. Am Roma Kungsgård gibt es eine neue Haltestelle.

Zum Bahnhof Hesselby gehören ein Eisenbahnmuseum und ein Café. Es gibt noch weitere Bahnhofsgebäude auf der Insel, jetzt zumeist umgebaut und in Privatbesitz. Das Stationshaus in Sanda ist jedoch für Besucher geöffnet: nunmehr das Lars Gullin Museum; der bekannte Jazzmusiker wurde hier geboren.

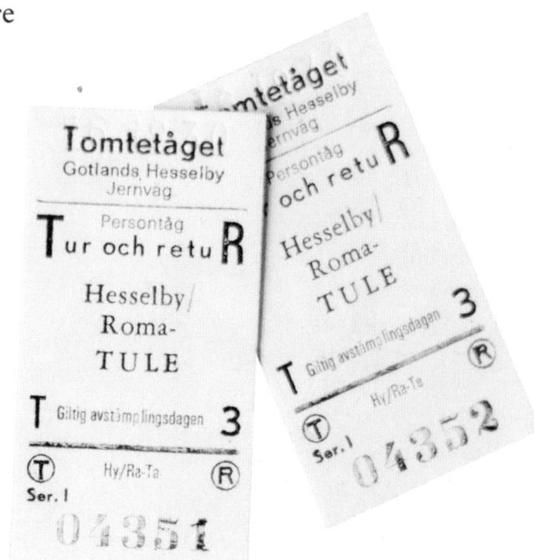

Koordinaten: Museumseisenbahn in Dalhem 57°32’41.56”18°31’57.37”

3
3

FÖRBJUDEN
INGÅNG

36. NORRLANDA FORNSTUGA

Im Freilichtmuseum Norrlanda Fornstuga im östlichen Teil des mittleren Gotlands betritt man die Lebenswelt eines kleinen gotländischen Hofes aus dem 18. Jh. Der gotländische Dichter Gustaf Larsson ließ das Wohnhaus aus Lina in der Gemeinde Hörsne in den 1920er-Jahren hierher umsiedeln. Er uns sein Bruder investierten viel Arbeit in den Ausbau des Museums.

Es bewahrt eines der ältesten Bohlenhäuser Gotlands, in Fachwerk errichtet im 17. Jh. und aus Dibjers in Hörsne stammend, wo es als Scheune genutzt worden ist. Die Bohlentechnik war auf Gotland bis ins 18. Jh. hinein sehr gebräuchlich. Da hatten die Holz schluckenden Kalköfen Holz zur Mangelware gemacht und es wurde vermehrt mit Stein gebaut.

Außer dem Wohnhaus sind noch Trockensaua, Schmiede, Teerbude, Geräteschuppen und Heuschober zu besichtigen. Zum Museum gehört auch eine Strandbude in der Fischerstelle Hammars in Norrlanda und eine Wassermühle aus dem 18. Jh. am Djupån.

Koordinaten: Norrlanda Fornstuga 57°31'30.87"18°40'47.96"

Myrhagen
Hamstädarväten
Stensättningar
Hamstädar
Butrajvs
Burs
36
Hembygdsg
Gravfält
Kajsarskogen
Skeppssättningar
37
Gistungen
Grunnsudden
Djupåviken
Hovalden
Skärsudden
Djupå
Burs
Hammars
Gravfält
37
Liste
Munkebos
Aurungs
Bjärs
Bjärs hög
Fornborg
Bruten
örke
Lajvstäde
Domarringar
Sandpallen
Sandviken
38
Trullhalsar
Krakfot
Ekeskogs
Broe
Stensättningar
Mangsarve
Bringes
Norrlanda
Petsarve
Fjäle
Fonden
Bendesrîv
Baju
Bjärsmyr
Angebjärs
Bendes
Netvarp
Grunnsudden
Grunnar
Gvlar
Stenstugu
Hajden
Gravfält
Dusund
Båticke
Anga
Lillmyr
Kyrkmyr
Hemmungs
Gravrose
Krakskär
Båticke
Skarnvik
Garnudde
Stenstugu
Boters
Liffride
39
Stenstugu
Vite rojr
Molnträsk
Koggrunn
Österby
Saghagen
St. Hammars
Djaup
Suderbys
146
L. Hammars
Skåne

37. LISTE ÄNGAR UND MÜHLE VON HAMMARS

Die etwa 5 km lange Schotterstraße von der Landstraße 146 zur Fischerstelle Hammars führt durch spannendes Gelände. Man passiert einige gigantische Steinhaufengräber der jüngeren Bronzezeit (ca. 1100–500 v. Chr.) und die Abfahrt zum Gräberfeld Trullhalsar. Unmittelbar vor der Fischerstelle liegt die dreiteilige Liste Wiese. Der dem Weg zunächst gelegene eingehegte Teil ist eine noch ganz verwilderte Weidefläche, doch rechter Hand erreicht man über einen Pfad und eine Zaunstiege den zweiten Teil, ein schön offenes und gepflegtes Gelände. Eine mit Birken bewachsene, sich hinunter zum Meer erstreckende Strandwiese bildet den dritten Teil. Dies ist eines der orchideenreichsten Gebiete Gotlands. Bis in die 1930er-Jahre ließ man auf der Strandwiese Tiere weiden.

Gute Aussichten, hier das Langblättrige Waldvöglein zu finden! Auch Mücken-Händelwurz, Natternzunge und den seltenen Schwedischen Augentrost. An den Hängen zum Meer hin gedeihen die duftenden Feinblättrigen Wicken, die von Juni bis August violett blühen. Die Wiese ist von Kiefernwald umgeben, im östlichen Teil steht ein gut erhaltener Heuschober.

In dieser Landschaft liegt Hammars Fischerstelle. Die Küste hier ist Lebensraum für Rotschenkel, Austernfischer, Brandgänse und Säbelschnäbler. Am flachen Sandstrand kann man baden. Geht man von hier aus etwa 1 km nordwärts, kommt man zur Mühle von Hammars aus dem 18. Jh. Sie liegt am oberen Lauf des Djupåns, wo es Mitte des 19. Jh. verschiedene Sägewerk- und Mühlenanlagen gab. Die Mühle von Hammars ist heute die einzige aus ihrer Zeit erhaltene Mühle. Sie gehört zum Freilichtmuseum Norrlanda Fornstuga.

Koordinaten: Liste ängar 57°31'08.0"18°45'27.1"
Mühle von Hammars 57°31'33.4"18°45'33.8"

38. TRULLHALSAR

Wie versteinerte Trolle mit gestreckten Hälsen erheben sich die Steine in den Richterringen auf dem Gräberfeld Trullhalsar. Vielleicht rührt der seltsame Name daher. Im 7. und 8. Jh. (jüngere Eisenzeit) lag das Gräberfeld vermutlich auf einer Landzunge oder Halbinsel nahe der Strandlinie. Heute ist der Meeresspiegel einige Meter tiefer und die mehreren hundert Gräber liegen im Wald – ein verwunschener, spannender Ort. In der geschützten Meeresbucht, die heute ein Feuchtgebiet ist, könnte einmal ein Hafen oder Handelsplatz gelegen haben.

In Trullhalsar herrschen hohe, tropfenähnliche Steinsetzungen mit einer Kante aus sorgfältig gelegten Kalksteinfliesen vor. Es gibt auch Steinhaufengräber und Richterringe aus hohen Steinen. Wahrscheinlich war dies ein Gräberfeld für Menschen höherer Schichten. Nur etwa 60 Gräber wurden untersucht, doch die Toten wurden mit kostbaren persönlichen Dingen wie Schmuck, Waffen, aber auch Lebensmitteln für die letzte Reise ausgestattet.

Auf dem Weg zum Gräberfeld passiert man große, im Wald versteckte Steinhaufengräber der jüngeren Bronzezeit (ca. 1100–500 v. Chr.). Doch als sie errichtet wurden, waren sie entlang der damaligen Küste gut sichtbar.

Koordinaten: Trullhalsar 57°30'25.54"18°44'22.98"

Schwedischer Augentrost.

39. ANGA PRÄSTÄNGE

Die kleine, gepflegte Wiese in Anga ist für ihren Kräuterreichtum bekannt. Sie ist eingebunden in das von der EU initiierte Netzwerk von Schutzgebieten Natura 2000. Auf der offenen, sonnenbeschienenen Wiese versammeln sich mehr Wiesenpflanzen als an den meisten anderen Orten Schwedens. Von Mitte Juni an trifft man hier einige Wochen lang auf eine Blütenpracht von Mädesüß, Echtem Wundklee, Bergklee, Gelbem Sonnenröschen, Kratzdiestel, Ferkelkraut, Zwergveilchen, Gr. Klappertopf, Fettkraut, Pippau, Niedriger Schwarzwurzel, Flohsegge und Zittergras. Auch der hochgewachsene Gr. Wiesenknopf mit dunkelroten kugelförmigen Blütenständen sticht hervor.

An Orchideen sind vor allem Mücken-Händelwurz und Fuchs'Knabenkraut zu nennen, aber auch Sumpfstendelwurz, Brandknabenkraut, Helmknabenkraut, verschiedene Waldhyazinthen und Kleines Knabenkraut wachsen hier.

Eine ganz besondere Rarität ist der Schwedische Augentrost. Seine kleinen weißen Blüten zeigen auf ihren Kronblättern lila Streifen. Man findet das niedrige Heilkraut meist dort, wo es viel Niedrige Schwarzwurzel gibt. Der Schwedische Augentrost benötigt Standorte, die sorgfältig durch Harken im Frühling und Mahd zur rechten Zeit im Sommer (so dass die Pflanze vorher aussamen kann) gepflegt werden. Schwedischer Augentrost kommt einzig auf Gotland vor, doch ist er bereits stark dezimiert und nur an wenigen Stellen zu finden.

Koordinaten: Anga Prästänge 57°28'34.10"18°42'36.37"

40. KATTHAMRA GÅRD

Das Wohnhaus des Kalkpatronhofes Katthamra wurde im 17. Jh. errichtet, ist aber im 18. und 19. Jh. mehrfach umgebaut worden. Die Kalkpatrone, die die Kalkindustrie seit dem 17. Jh. für einige Jahrhunderte betrieben, waren dem Adel so nah, wie es auf Gotland eben möglich war. Und ihre Wohnsitze waren die herrschaftlichsten auf der Insel.

Über dem prächtigen Eingang Katthamras thront eine Skulptur der Jagdgöttin Diana und blickt über den Hof. Innen ist das Gebäude mit schönen Wandmalereien im Empire-Stil des 19. Jh. ausgestattet. Das Hauptgebäude, das Atelier, die beiden Flügel, das Klosetthäuschen und einige andere Nebengebäude sind Baudenkmäler. Katthamra Gård ist Privatbesitz.

Einer der bekanntesten Eigentümer war der legendäre Geschäftsmann Jacob Dubbe, der auch Annas Nöje in der Bucht von Katthammarsvik bauen ließ, ein Haus, das als Morgengabe für Dubbes Frau Anna gedacht war. Der stattliche Giebel ist dem Torsmanska Huset im Hafen von Visby nachempfunden, dem Elternhaus Annas.

Axel Hägg, Dubbes Schwager, verwandelte Katthamra in den Herrenhof, den wir heute vor uns sehen. 150 Jahre lang war Katthamra im Besitz der Familie Hägg. Zwei bekannte Häggs sind Axel Herman, Architekt und Künstler, und Jacob, Marinemaler. Beide sind Enkel Axel Häggs.

Koordinaten: Katthamra Gård 57°25′56.87″18°51′9.85″

41. GROGARNSBERGET

Ein großartiges Naturerlebnis erwartet den Besucher im Naturreservat Grogarnsberget zwischen Katthammarsvik und Herrvik. Von den 30 Meter hohen Klippen hat man eine faszinierende Aussicht über Östergarnslandet und die Insel Östergarnsholm.

Auf dem Berg ist die Natur karg, Ödland und Felsmark wechseln sich mit Kiefernhainen und kleinen Feuchtgebieten ab. Die Vegetation wird von Moosen, Flechten und Schafschwingel dominiert.

Mit den Jahren sind massive Felsblöcke aus der Klippenkante gebrochen und auf den Steinstrand unter ihr geglitten. In den Bruchstellen wachsen nun Efeu und Farne, u.a. der seltene Milzfarn, von dem es einen kleinen Bestand auf einem Felsvorsprung gibt.

Auf der Landzunge Grogarnshuvud liegt eine Fluchtburg aus der älteren Eisenzeit (ca. 0–550 n. Chr.). An drei Seiten ist sie von Steilhängen geschützt, außerdem von einem Wall zur Landseite hin, der vermutlich einst mit Palisaden verstärkt war. Von der erhöhten Position ließen sich feindliche Flotten schnell entdecken und bei Gefahr wurden Signalfeuer entzündet.

Koordinaten: Grogarnsberget 57°26'13.79"18°53'29.60"

Grunnsudden
Grunnar
Krakskär
Skarnvik
Garnudden
Koggrunn
Hammarudden
Djaupvik
St. Hammars
L. Hammars
Skåne
Träske
Stenstugu
Naturreservat
Strandnäset
Grönskär
Stajnskär
Storskär
Histilles
Smiss myr
Ångmansvik
Gravfält
Hällträsk
Gravröse
Langmyr
Uppstajgs
naturreservat
Storgrunn
Katthammarsvik
Lillgrunn
Annasnöje
Hammaren
Grogarnshuvud
Fornborg
41
Vassmunds
Vike
Grogarns
St. Hamre
Grogarnsberget
Naturreservat
Katthammarsvik
Ångmans
Katthamra gård
40
Djupvike
Gutenviks
Grogarns
Fride
Haugstajns
Mattsarve
Ganne
Östergarn
Hässle
Fiskehamn
Snabben
Hardoj
Gravfält
Mattsarveklint
42
Skola
Sigdes
Hallgårds
Bengts
Rodarve
Herrvik
Naturres.
Sandviken
Östergarnsberget
Bergängen
Gannermyr
Naturreservat
Gränbymyr
Källinghagens
naturres.
Kaupungsklint
Näsmyr
Marterör
Fakle
Sande
Glose
Gajthäll
Änge
Kaupungs
Natviksudden
Gannarve
43
Rommunds
Davide
Skags
Falhammars
Rodarve
Gammelgarn
Gartarve
Klintklinten
Hugrajvs
Klinte
Naturres.
Sandviken
Sysne
Skälvik
Stormyr
Skogby
Skeppssättning
Sysne fiskeläge
Sysneudd
Svartdal
Grynge
44
Brandåkersudd
Gryngvik
Gryngudd
Djaupmyr
44
Danbo naturreservat
Sjaustru
Sjaustrehammarn
Grynghällar
Blindan
Gyllauen

42. ÖSTERGARNSBERGET

Schon auf seiner Gotlandreise 1741, als er vom Östergarnsberg ins Land blickte, stellte Linné fest, dass es kaum einen behaglicheren Platz für ein Sommerhaus gebe. Der Östergarnsberg ist ein Inlandkliff, das zum großen Teil aus Riffkalkstein besteht. Im Felsen finden sich vom Wasser geformte Höhlen. Heute sind Linné und seine Schüler als Metallsilhouetten oben auf dem Berg verewigt. Von hier aus schaut man über die Landschaft, über Östergarns Kirche hinweg und die schöne alte Volksschule, die heute Restaurant und Café ist.

Das Gebiet ist Naturreservat mit mehreren Wanderwegen. Am Fuß des Berges gegenüber der Abzweigung nach Katthammarsvik kann man parken. Man kommt zu einigen alten Kalköfen und zur sog. Lettischen Flüchtlingsquelle, die – von baltischen Flüchtlingen nach dem Zweiten Weltkrieg im Fels entdeckt und beschützt – ein Mahnmal darstellt. Hier wächst ein großer Bestand des bedrohten Ruprechtfarns. Der Pfad führt weiter auf den Steilhang und oben auf dem Berg öffnet sich das Ödland. Von hier aus gelangt man zum Reetmoor Gannmyr und weiter nach Nordwesten zum Mattsarveklint. Dies ist Östergarnbergets höchster Punkt, 42 Meter ü.d.M. mit Ausblick auf ein anderes Inlandkliff: Torsburgen.

Koordinaten: Östergarnsberget 57°25'17.55"18°51'25.77"

43. KIRCHE UND KASTAL VON GAMMELGARN

Das Kastal vom Ende des 12. Jh. bei der Kirche von Gammelgarn ist besonders gut erhalten. Es diente als Verteidigungsturm oder Warenspeicher. 2005/2006 wurden an ihm umfassende Renovierungen vorgenommen, u. a. erhielt es ein Dach und im Inneren neue Holztreppen.

Der Chor der Kirche, das Langhaus und die Sakristei stammen aus dem 14. Jh. Ein Turm ist nie errichtet worden, stattdessen setzte man einen sog. Dachreiter auf den Westgiebel.

Die Steinskulpturen auf dem Kapitellband des Langhausportals sind im 14. Jh. von der sog. Egypticus-Werkstatt gestaltet worden. Die Skulpturen bilden verschiedene Szenen wie den Sündenfall und die Vertreibung aus dem Paradies ab. Dieselbe Werkstatt schmückte u.a. auch die Kirchen in Hablingbo, Öja und Grötlingbo aus. Die Kalkmalerein in Gammelgarns Kirche wurden von dem sog. Passionsmeister im 15. Jh. ausgeführt. Im Mittelalter sind sie durch einen Brand beschädigt worden. Der aus Holz geschnitzte Altarschrank ist im 14. Jh. auf Gotland hergestellt worden.

Koordinaten: Kirche von Gammelgarn 57°24'16.39"18°48'13.76"

44. GRYNGES FISCHERSTELLE UND DANBO

Viele der kleinen Steinbuden in Grynges Fischerstelle sind noch aus dem 18. und 19. Jh. Sie stehen dicht beieinander, um vor Wind und Wetter zu schützen. Hier gibt es auch noch Reste zweier steinerner Pfeiler, auf denen man Feuer entzündete, um den Weg zur Fischerstelle zu weisen. Solche Leuchtfeuer waren im 19. Jh. auf Gotland üblich.

Der langgestreckte, badefreundliche Sandstrand Gryngsvik breitet sich als Nachbar der Fischerstelle aus und erstreckt sich von Grynge bis nach Danbo, wo er in einen felsigen Steinstrand übergeht, und weiter bis zur Fischerstelle Sjaustre. Das Naturreservat Danbo besteht zum großen Teil aus Nadelwald mit Tannen und Teppichen von Blaubeergesträuch – auf Gotlands kalkreichen Böden sonst eher ungewöhnlich.

Zum Meer hin geht der Wald in eine lichte, offene Strandheide über, die im Mai von silbern schimmernden Wiesen-Kuhschellen bedeckt ist. Unterhalb der Heide erstreckt sich der lange Sandstrand, der von einer Sanddüne begrenzt wird.

Hier kann man einem 2,8 km langen Wanderweg folgen, entlang von Sand- und Steinstränden und durch Nadelwald. Bei den Fischerstellen Grynge oder Sjaustre kann man parken und von dort die Wanderung beginnen.

Koordinaten: Grynge 57°22′56.57″18°50′6.72″
Sjaustre 57°22′26.85″18°48′8.65″

45. TORSBURGEN

Im Umkreis des 70 Meter hohen Inlandkliffs Torsburgen sind noch immer Spuren des großen Waldbrandes zu sehen, der dieses Gebiet 1992 verheerte. Danach ist die gesamte Fläche Naturreservat geworden, denn neue Tiere, Pflanzen und Pilze etablierten sich auf den versengten Böden. Von der Klippe hat man eine meilenweite Aussicht über Gotland. An ihrer nordwestlichen Kante gibt es Höhlen, geformt vom Baltischen Eismeer vor 12000 Jahren.

Auch Linné war von der Aussicht beeindruckt. Er zählte 30 Kirchtürme. Auf Torsburgen entdeckte er als Erster die Strauchkronwicke, eine seltene Hülsenfrucht, die man noch immer hier blühen sehen kann. Man findet oben auf der Klippe u. a. auch die auf der Insel nur hier vorkommende Gotländische Kuhschelle.

Auf Torsburgen befindet sich die größte Fluchtburg des Nordens. An drei Seiten wird sie von Steilhängen geschützt und im Süden von einer mehrere Kilometer langen Mauer aus aufgestapelten Steinen. Mit dem Bau der Fluchtburg wurde vermutlich in der älteren Eisenzeit (0–550 n. Chr.) begonnen, die spätesten Umbauten datieren aus der Wikingerzeit, ca. 800–1050 n. Chr.

Wohl hat es feindliche Anfälle gegeben, denn einige Male hat die Fluchtburg gebrannt. Vermutlich wurde sie zur Verteidigung der Gegend angelegt. Vor Gefahr wurde mit Signalfeuern auf Torsburgen und anderen gut sichtbaren Orten gewarnt.

Die Burg kann auch Zufluchtsort für die ganze gotländische Bevölkerung gewesen sein. Die Gutasage erzählt, die Insel sei einmal so sehr übervölkert gewesen, dass jeder dritte Einwohner zur Auswanderung ausgelost wurde. Die Ausgelosten hätten sich da auf Torsburgen verschanzt, bis sie am Ende gezwungen wurden, Gotland zu verlassen.

Koordinaten: Torsburgen, Ardre luke 57°24'24.18"18°43'28.08"
Torsburgen, Tjängvide luke 57°25'0.11"18°43'20.20"

46. FJÄLE

Fjäle in Ala besitzt sehr gut erhaltene Hofruinen aus der Eisenzeit und dem Mittelalter, umgeben von Gräberfeldern, Fundamenten, Brunnen, Wegen und Steineinfriedungen. Fjäle ist ein isolierter Waldhof, der im Mittelalter aufgegeben wurde. Doch seine Atmosphäre hat sich unberührt vom Lauf der Jahrhunderte bewahrt.

Umgeben von Nadelwald, liegt der Hof am Ende eines langen Waldweges, der das Fjäle Moor passiert. Der Felsen, auf dem der Hof liegt, bietet im Frühling und Sommer reiche Blütenpracht. Die Anbauflächen lagen darunter, Spuren der Äcker sind noch immer sichtbar.

Ein großes Hausfundament aus der älteren Eisenzeit (0–550 n. Chr.) zeigt an, wo der älteste Hof lag. Im 7. Jh. wurde die Bebauung weiter zum Felsen hin verlegt und in Holz ausgeführt. Die jüngsten Bauten verschwanden am Ende des 14. Jh. Nach Ausgrabungen in den 1970er-Jahren wurde das Hofhaus an einer Stelle nah dem Parkplatz rekonstruiert.

Das letzte Wohnhaus heißt auf älteren Karten Fjähle Büsses Huus (Bysens Haus in Fjäle). Fjäle Bysen soll laut alten Erzählungen ein wütender Bauer gewesen sein, der den Priester in der Kirche erschlug, weil er den Gottesdienst begonnen hatte, ohne auf Bysen zu warten. Bysen soll bei der Kirche von Ala begraben sein.

Fjäle ist Naturreservat, ein Kulturwanderweg führt hier durch unberührte und an Kulturdenkmälern reiche Landschaft.

Koordinaten: Fjäle 57°23'30.24"18°37'27.49"

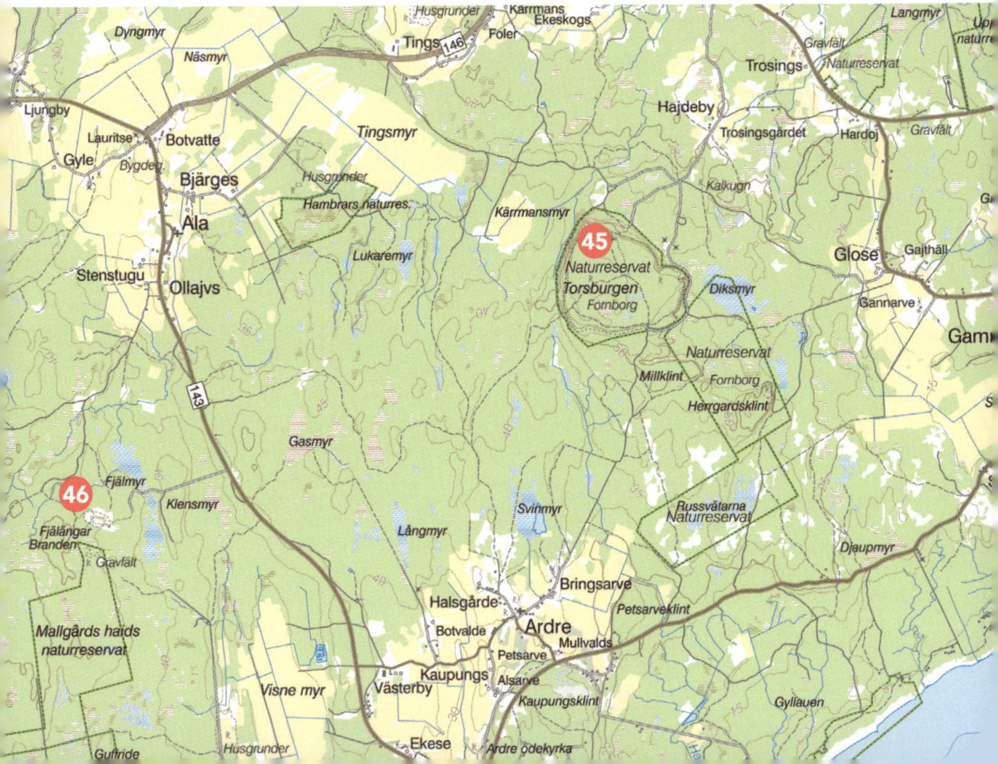
Husgrunder
Karrmans
Ekeskogs
Tings
146
Foler
Dyngmyr
Näsmyr
Langmyr
Gravfält
Naturreservat
Trosings
Ljungby
Lauritse
Botvatte
Gyle
Bygdeg.
Tingsmyr
Hajdeby
Trosingsgårdet
Hardoj
Gravfält
Bjärges
Husgrunder
Hambrars naturres.
Ala
Kårrmansmyr
Kalkugn
Lukaremyr
45
Naturreservat
Torsburgen
Fornborg
Glose
Gajthäll
Stenstugu
Ollajvs
Diksmyr
Gannarve
Gam
Naturreservat
Millklint
Fornborg
Herrgardsklint
143
Gasmyr
46
Fjälmyr
Klensmyr
Svinmyr
Russvätarna
Naturreservat
Fjälängar
Branden
Långmyr
Djaupmyr
Gravfält
Bringsarve
Halsgårde
Petsarveklint
Mallgårds haids
naturreservat
Botvalde
Ardre
Mullvalds
Petsarve
Kaupungs
Alsarve
Visne myr
Västerby
Kaupungsklint
Gyllauen
Ekese
Gufride
Husgrunder
Ardre ödekyrka

47. FOLHAMMAR UND VITVÄR

Unmittelbar nördlich von Ljugarn liegt das Raukgebiet und Naturreservat Folhammar mit hohen, seltsam geformten Raukar, die zum Klettern einladen. Sie sind aus Riffkalkstein und übersät mit Fossilien, z. B. Seelilien (Stromatoporen) und sog. Kattskallar (Crinoiden).

Vom Parkplatz südlich der Raukar geht man ein Stück zu Fuß zum Raukfeld, das als Ort für Picknicks beliebt ist und leicht zugängliche Grillplätze bietet. Am Strandhang wachsen unter Naturschutz stehende Stranddiesteln.

Südlich des Raukfeldes liegt die Fischerstelle Vitvär mit Strandhütten aus Stein. Ihr Fliesendach ist aus großen Kalksteinplatten gelegt.

Koordinaten: Folhammar 57°20'46.37"18°43'58.39"

Kaupungsklint
Gyllauen
Guffride naturreservat
Husgrunder
Ekese
143
Ardre ödekyrka
Kaupungs slott
Fornborg
Domarring
Smaulmyrar
Skeppssätthing
Kaupungs
Fridhem
Golfbana
Juvesvät
Labyrint
47
Djaupviken
Folhammar
Naturreservat
Gravfält
Vitvär
Tjängvide
Anningåkre
Stenstugumyr
Liffride
Lassor
144
Mallgårds
Bofride
Rommunds
Ollajvs
Rudvier
Stenstugd
Sigsarve
Gravfält
Lauritse
Österby
Snauvalds
Alskog
Fornborg
Bjärges
Bote
Utalskog
49
Digerrojr
Bygdegård
Snausarve
Ollajvs naturreservat
48
Ljugarn
Guffride
Utalskog
Fiskehamn
Hallgårds
Gravröse
Sigsarve
Kulde
Nygårds
Gravhög
Petarve
Älskvät
Svajde
Juves
Guffride
Naturres.
Husgrunder
Gravfält
Bolarve
Digerrojr
Tälleby
Folkedarve
Tuten
Ajkesmyr
Husgrunder
Snausarve
Lausvik
Bönde
Gumbalde
Goks

48. LJUGARN UND STRANDRIDAREGÅRDEN

Bis ins 19. Jh. war Ljugarn ein wichtiger Handelsplatz. Von hier aus wurden Kalk, Kalkstein, Teer und Teerwaren verschifft. Ljugarn war auch einer der ersten Küstenorte der Insel, die zu Beginn des 20. Jh. als Reiseziel bei Badetouristen beliebt waren. Mit dem Bau ihrer Sommerresidenz Fridhem im westlichen Gotland lockte Prinzessin Eugénie die damalige gesellschaftliche Elite auf die Insel. Ljugarn entwickelte sich zu einem eleganten Badeort mit klassischen Badpensionaten und hat seine Stellung als gutbesuchter Ferienort gehalten.

An der Hauptstraße zur Landzunge hin liegen einige ältere Gebäude, u. a. Gula Gården. Zu den ältesten Häusern Ljugarns zählt auch der Strandridaregård (Mitte des 18. Jh.) mit seiner wunderbaren Aussicht über den Hafen und Lausviken. Strandridare oder Strandvögte waren seinerzeit Zollbeamte, für deren Wohnung und standesgemäße Ausstattung die gotländischen Bauern zu sorgen hatten. Der Hof umfasst Wohnhaus, Stall und Brauhaus. Das Interieur des Wohnhauses ist mit Hilfe von Inventar und Gegenständen aus Gotlands Museum nach alten Aufzeichnungen des Strandvogts Lars Strömberg von 1790 wiederhergestellt worden.

Im oberen Geschoss befindet sich das Zollmuseum. Strandridaregården ist im Sommer täglich geöffnet.

Außer dem Zollmuseum im Strandridaregården gibt es noch einige kleinere Museen auf Ljugarns sog. Kulturudde. Hier sind Fossilien, Luftaufnahmen und historische Fotos, ältere Fahrzeuge und ein Lastkahn ausgestellt. Im Strandbygdsmuseum präsentieren verschiedene Künstler während des Sommers ihre Werke. In Ljugarn gibt es auch eine Strandsauna, die an bestimmten Abenden im Sommer für die Allgemeinheit geöffnet ist.

Koordinaten: Ljugarn 57°19′23.63″18°42′42.73″

49. GRÄBERFELD VON GÅLRUM

In Alskog an der Straße zwischen Ljugarn und Lau liegt das eindrucksvolle Gräberfeld Gålrum. Wie eine versteinerte Armada ragen die Bugs von sieben Schiffssetzungen südwärts. Es sind Gräber der jüngeren Bronzezeit (ca. 1100–500 v. Chr.). Die Toten wurden vor der Bestattung verbrannt. Dann tat man die eingeäscherten Knochen in ein Gefäß, das zusammen mit Bronzegegenständen wie Rasiermesser, Pinzette und Nadel in das Grab gelegt wurde.

Auf der anderen Seite der Straße liegt das älteste und größte Grab Digerrojr, ein großes Steinhaufengrab aus der älteren Bronzezeit (ca. 1500–1100 v. Chr.). Es hat einen Durchmesser von 30 Metern und ist 4 Meter hoch. Darin befinden sich mehrere Grabstätten, deren Größe davon zeugt, dass sie über Generationen als Gräber verwendet wurden. Obwohl Digerrojr stark beschädigt ist, kann man die doppelten Steinreihen, die die Anlage einst abgrenzten, gut erkennen.

Nah des Parkplatzes an der Straße steht ein Bildstein aus der Wikingerzeit, der von einem anderen Ort des Kirchspiels hierher verlegt wurde.

Koordinaten: Gräberfeld von Gålrum 57°19'51.27"18°39'22.87"

50. KIRCHE VON GARDE

Gardes Kirche aus dem 12. Jh. ist eine der ältesten Kirchen Gotlands. Wahrscheinlich gab es zuvor an ihrer Stelle eine Holzkirche. Das hohe Alter der Kirche lässt sich an den kleinen Fenstern des Langhauses, den engen Portalen und den gemauerten Steinbänken entlang der Wände ablesen. Rund um die Kirche ist eine Steinmauer gezogen, die in jeder Himmelsrichtung einen altertümlichen Durchlass hat. Im 14. Jh. plante man eine neue gotische Kirche. Es gelang, den kleinen romanischen Chor durch einen größeren zu ersetzen, doch der wirtschaftliche Niedergang des 14. Jh. beendete die Bauvorhaben.

In der Kirche sind ungewöhnliche russisch-byzantinische Wandmalereien erhalten, vermutlich zwischen 1150 und 1160 von einem Meister mit großer Kenntnis östlicher Malerei geschaffen. Die Gotländer pflegten zu dieser Zeit z. B. gute Handelsverbindungen mit Novgorod im nordwestlichen Russland. Im 18. Jh. wurde ein Teil der Malereien übertüncht. Die Kirche ist bekannt für den einzigartigen Dachstuhl ihres Langhauses. Er datiert aus dem 12. Jh. Seine Konstruktion verweist auf eine Holzbautechnik der Wikingerzeit. Durch eine Luke lassen sich Details von Nahem betrachten.

Auf dem Friedhof entdeckte man einige wikingerzeitliche Gräber (ca. 800–1050). Die Toten wurden nach christlichem Ritus, aber mit vollständiger Ausstattung an Schmuck und Fibeln genau wie vor der Christianisierung begraben. Der Grabtyp ist für Gotland typisch und gehört dem Ende der Wikingerzeit an.

Koordinaten: Kirche von Garde 57°19′0.75″18°34′52.31″

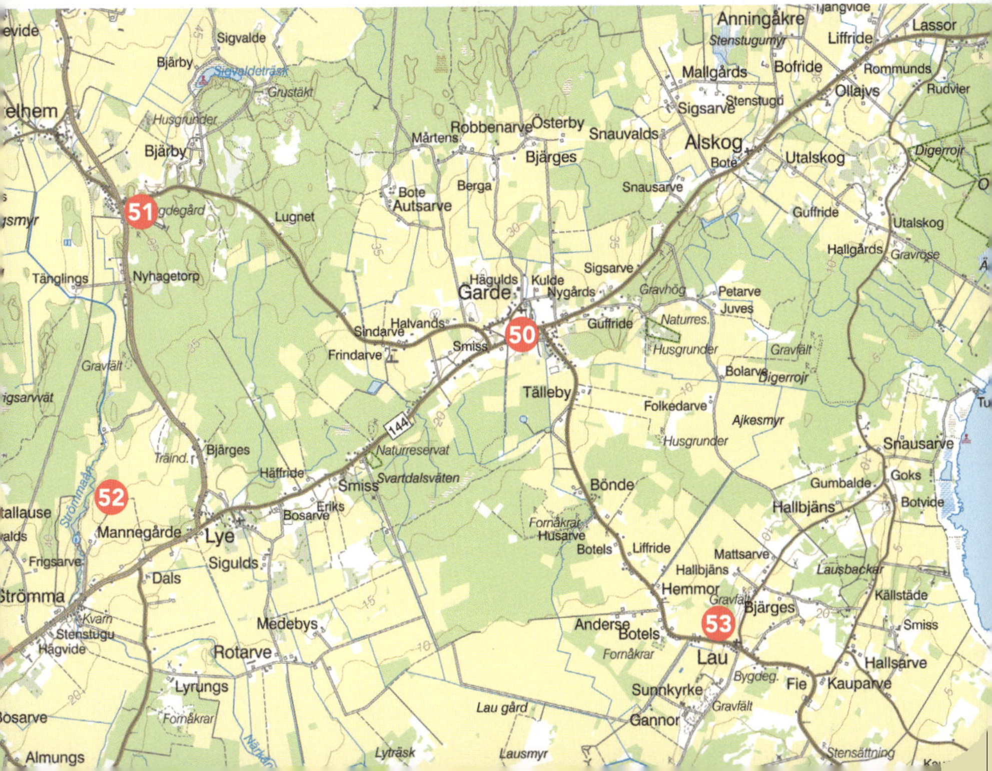

Anningåkre
Stenstugumyr
Liffride
Lassor
Mallgårds
Bofride
Rommunds
Rudvier
Ollajvs
Sigvalde
Bjärby
Sigvaldeträsk
Grustäkt
Husgrunder
Bjärby
Sigsarve
Stenstugu
Alskog
Bote
Utalskog
Digerrojr
Robbenarve
Österby
Mårtens
Snauvalds
Bjärges
Bote
Autsarve
Berga
Snausarve
Lugnet
51
Guffride
Utalskog
Tänglings
Nyhagetorp
Hallgårds
Gravröse
Sigsarve
Hägulds
Kulde
Garde
Nygårds
Gravhög
Petarve
Juves
Halvands
Sindarve
Naturres.
Guffride
50
Frindarve
Smiss
Husgrunder
Gravfält
Gravfält
Bolarve
Digerrojr
Tälleby
Folkedarve
Ajkesmyr
144
Husgrunder
Snausarve
Naturreservat
Bjärges
Träind.
Häffride
Svartdalsväten
Smiss
Gumbalde
Goks
Bönde
52
Hallbjäns
Botvide
Eriks
Bosarve
Fornåkrar
Husarve
Mannegårde
Lye
Botels
Liffride
Frigsarve
Sigulds
Mattsarve
Hallbjäns
Lausbackar
Dals
Strömma
Hemmor
Gravfält
Källstäde
Kvarn
Bjärges
Stenstugu
53
Smiss
Hägvide
Medebys
Anderse
Botels
Rotarve
Fornåkrar
Lau
Hallsarve
Bygdeg.
Fie
Kauparve
Lyrungs
Sunnkyrke
Gravfält
Fornåkrar
Lau gård
Gannor
Bosarve
Almungs
Lyträsk
Lausmyr
Stensättning

51. ETELHEMS TÖPFEREI

Die älteste Töpferei Gotlands, gegründet 1889, befindet sich in Etelhem. Bis zum 18. Jh. hat Gotland Keramik meist importiert, doch der damalige Landeshauptmann wollte die einheimische Produktion von Ziegeln und Kacheln befördern und lud daher Töpfer auf die Insel ein. Deutsche Töpfer- und Kachelofenmeister siedelten sich in Visby an und bildeten gotländische Keramiker aus. Einer von ihnen, Axel Nilsson, erhielt seinen Gesellenbrief 1888. Im Jahr darauf eröffnete er seine Töpferei in Etelhem und produzierte Gebrauchskeramik, die in gotländischen Haushalten sehr populär wurde. Vom 20. Jh. an wurden auch Kachelöfen in der Werkstatt hergestellt. Seit 1982 wird die Töpferei von Torleif Solberg betrieben.

Der Hof wird von zwei großen mit Reisig befeuerten Öfen dominiert, in denen die Keramik bei 1025 Grad Celsius gebrannt wird. Die alten Teile der Werkstatt sind noch in Betrieb und standen seit Gründung der Töpferei niemals still. Heute sind sie Baudenkmal und offen für Besucher ebenso wie das Museum im Obergeschoss. Während des Sommers sind die Töpferei, ihr Café und ihre Verkaufsräume geöffnet. Auch können große und kleine Interessierte das Töpfern an einer Drehscheibe ausprobieren.

Koordinaten: Etelhems Töpferei 57°19'47.25"18°30'26.80"

52. STRÖMMAÅN

Südwestlich der Kirche von Lye windet sich das Flüsschen Strömmaån durch eine verzauberte Landschaft: von Weiden gesäumte Uferböschungen, Teppiche von Buschwindröschen und duftendem Bärlauch im Frühling. Viele gotländische Flüsse sind verschwunden oder begradigt worden, als die Feuchtgebiete im 19. Jh. rekultiviert wurden, um mehr Ackerbauflächen zu gewinnen. Doch der Strömmaån fließt noch in seinem eigenen natürlichen Flussbett. Er schlängelt sich durch die Landschaft und vereinigt sich mit dem Närkå, um schließlich bei Lausvik ins Meer zu münden. Während der ersten zwei Kilometer Richtung Stenstugu fällt der Fluss ganze 15 Meter. So hat man im 19. Jh. hier den Fluss gestaut, um Wasserkraft zu gewinnen. Entlang der Strecke gab es bis zu 20 Dämme, an denen Wasserkraft für den Betrieb von Mühlen, Sägewerken und Walken genutzt wurde. Reste dieser Anlagen sind teilweise noch vorhanden. Auch die Eigenbedarfsfischerei von Lachs, Hecht, Rotauge und Schleie hatte große Bedeutung. In späterer Zeit hat man einen sog. Umauf angelegt, einen Fischweg, um den Meerforellen die Wanderung und das Laichen im Fluss zu erleichtern.

Ein 3 km langer Natur- und Kulturpfad führt zwischen Lillrone und Ungbåtels am Fluss entlang. Die Vegetation ist üppig: Weiden, Eschen, Birken, Bärlauch, Echtes Mädesüß und Brennesseln. Man kann die Obere Mühle von Lillrone besuchen, die um die Jahrhundertwende (17./18. Jh.) gebaut wurde. Sie ist bis zum Ende des Zweiten Weltkrieges in Betrieb gewesen. In der Nähe von Stånga wachsen große Mengen Sumpf-Schwertlilien, die jeden Sommer gelb am Wasser leuchten. Reiherenten und Gänsejäger fühlen sich bei den Dämmen wohl und die Türkentaube mit ihrem schwarzen Halsband brütet hier. Im Winter kann man die Wasseramsel im Fluss Insekten fangen sehen.

Koordinaten: Strömmaån 57°17'47.55"18°29'45.85"

53. KIRCHE VON LAU

Die Kirche von Lau ist eine der größten Landkirchen Gotlands. Eigentlich ist sie immer zu groß gewesen im Verhältnis zur Zahl der Einwohner Laus. Vielleicht ist sie eine Wallfahrtskirche gewesen oder sie musste so geräumig sein, um nicht nur die Einwohner, sondern auch die Handelsleute des in Lausviken gelegenen Handelsplatzes aufzunehmen. Der große Kirchenraum mit Kreuzgewölbe und einer Akustik, die einen Nachklang von 12 Sekunden erzeugt, hat Laus Kirche berühmt gemacht.

Das gewaltige Langhaus in romanischem Stil ist zu Beginn des 13. Jh. errichtet worden. Der Taufstein aus dem 12. Jh. wurde vermutlich von dem Steinmeister Sigraf geschaffen. Die Westwand der Kirche wird von Malereien aus dem 16. Jh. geschmückt und an der Nordwand hängt eines der größten Triumpfkreuze Skandinaviens aus dem 13. Jh. Die Kirche besitzt noch einige mittelalterliche Kronleuchter.

Neben der Kirche sind Ruinen eines mittelalterlichen Pfarrhofes erhalten. Ein Teil davon stammt von einem Kastal, einem Verteidigungsturm und Warenspeicher, aus dem 12. Jh.

In der Nachbarschaft der Kirche liegen einige Gräberfelder der Eisenzeit, so auf der schönen Inlandklippe Lausbackar. Viele Gräber sind archäologisch untersucht worden, eines der spannendsten entdeckte man zu Beginn der 2000er-Jahre: das Grab einer Frau und ihres neugeborenen Kindes. Die Frau war in ein Bärenfell gehüllt, das Kind in das Fell eines Luchses. Eine Fibel aus Gold – jetzt in Gotlands Museum – fand man auch in diesem Grab, das aus der älteren Eisenzeit stammt (ca. 0–550 n. Chr.)

Auf Lausbackar hat der Heimatverein Lau einen Kulturpfad angelegt. Von der Klippe, auf der eine Windmühle steht, hat man eine großartige Aussicht über Lausviken.

Koordinaten: Kirche von Lau 57°16'58.58"18°37'15.34"

Südliches Gotland

Bjärges
Anderse
Botels
Fornåkrar
Lau
Smiss
Hallsarve
Bygdeg.
Fie
Kauparve
Sunnkyrke
Gravfält
Gannor
Nyudden
Storholmen
Laus
Naturreservat
Bärhäll
Aminne
Nyan
Prästviken
Stensättning
Kauparve
Smiss
Nabban
Bomunds i Hammaren
Fornåkrar
Hägdarve
Närkån
Stensättning
Alverlajran
Gangvide
Hallbjänne
Lillvik
Hammarnäs
När
Hallute
Renings
Bomunds i Hammaren
Sävviken
Gravfält
Pavals
Hallbjärs
Hammaren
Mickels
Djaupdy
Husarve
Alvare
Bygdegård
Rikvide
Mickelgårds
Nickstjups
Bosarve
Maldes
Smiss
Gravfält
Gravfält
Trådstrand
Virudden
Fornborg
Mattise
Golfbana
Sudergrunn
Austerviken
Dalbo
Frigges
Kulle
Liffor
Fluntingsbod
Glasskär
Hallsarve
Andarve
Öndarve
Rovalds
Folke
Naturreservat
Närkholm
Tiricker
Öndarve
Hemmor
Siglajvs
Kulle
Pilgårds
Närshamn
Fiskehamn
54
Krokeö
Bomunds i Burgen
Fågelsk.omr.
Hörte
Pilgårdsvik
Kapellet
När
Stangudden
Kapelludden
Krakstädar

54. NÄRSHOLMEN

Das savannenartige Närsholm hat seit langem viele Ornithologen und andere wegen seiner einzigartigen Natur angelockt. Am südlichen Zipfel der Halbinsel steht der charakteristische rotweiße Leuchtturm als markante Landmarke. Die Landzunge war einst eine eigene Insel. Von den Meereswogen aufgetürmte Steine und Kies haben Strandwälle gebildet. Wenn man sich dem Leuchtturm von Norden her nähert, erkennt man das Muster der Strandwälle, die an der schmalsten Stelle der Insel zusammenstrahlen.

Der Natternkopf breitet sich hier aus und leuchtet im Frühsommer blau. Hier wachsen auch die Orchideen Adam und Eva sowie der gelbblühende gewöhnliche Spitzkiel, der in Schweden nur auf Närsholm und auf Öland wächst. Rund 45 Vogelarten brüten auf Närsholm wie z.B. Kiebitz (gotl. Bläcku), Rotschenkel, Kampfläufer und Zwergseeschwalbe. Teile der Halbinsel sind Vogelschutzgebiet, das im Frühling und Frühsommer nicht besucht werden darf. Seit längerem steht das Gebiet offen für weidende Tiere.

Auf Närsholm hat der russische Regisseur Andrej Tarkovskij 1986 seinen letzten Film, Das Opfer, gedreht.

Koordinaten: Närsholmen 57°13′23.67″18°41′2.21″

55. STAVGARD

In dem nachgebildeten Eisenzeitdorf Stavgard in Burs können Schüler direkt in das eisenzeitliche Alltagsleben einsteigen. Bevor das Dorf errichtet wurde, entdeckten hier 1975 eine Schülergruppe und deren Lehrer einen großen Silberschatz aus dem 10. Jh. Er lag nahe dem Platz, wo ihn der Sage nach der Wikingerhäuptling Stavar versteckt haben soll. Der Schatz liegt heute in Gotlands Museum. Unter Anleitung der Lehrer H. Löwenhielm und P.G. Werkelin haben Enthusiasten Stavgard errichtet. Zwischen Weiden und dichtem Haselgestrüpp bauten sie ein Wikingerhaus und Beispiele, wie Häuser in der älteren Eisenzeit ausgesehen haben könnten. Hier können Kinder übernachten und sich an verschiedenem Handwerk und anderen Alltagsverrichtungen der Eisenzeit probieren.

Nahebei liegen Hausfundamente aus der älteren Eisenzeit. Eines wird Stavars Haus genannt. Es ist 60 m lang und das größte derartige Hausfundament Gotlands. Vom Siedlungsplatz führt ein alter Viehweg hinunter nach Bandlundeviken, wo ein wikingerzeitlicher Hafen lag. Der Viehweg ist ungewöhnlich breit mit hohen Mauern.

Koordinaten: Stavgard 57°12'58.93"18°32'14.65"

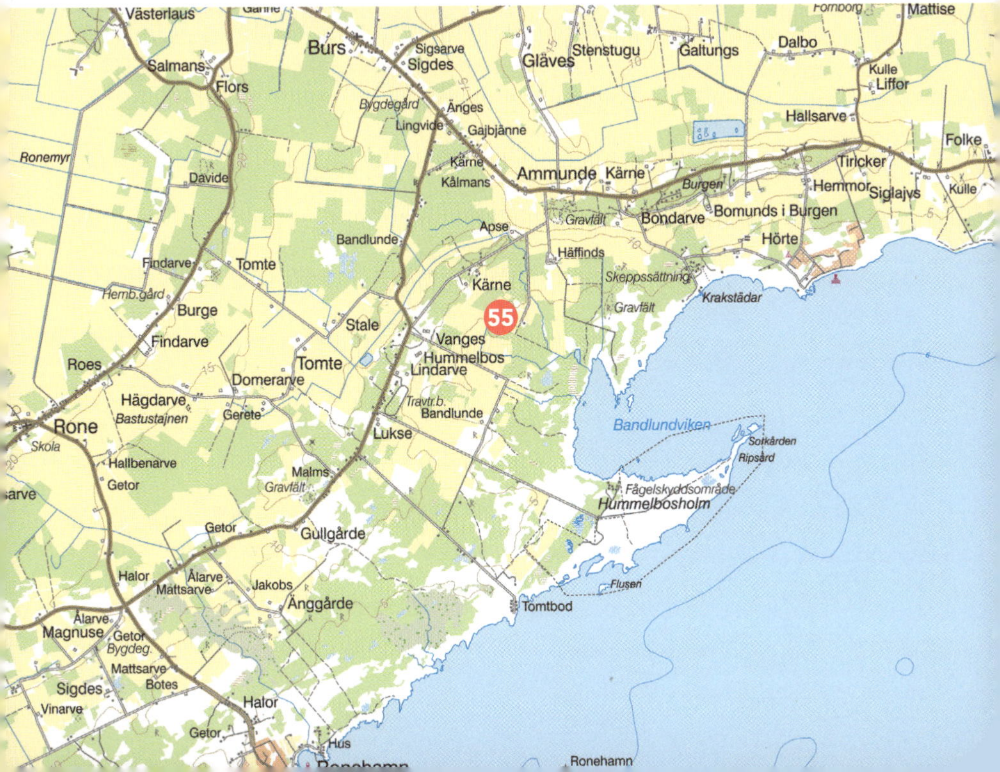

Västerlaus
Fornborg
Mattise
Burs
Sigsarve
Sigdes
Gläves
Stenstugu
Galtungs
Dalbo
Salmans
Flors
Kulle
Liffor
Bygdegård
Änges
Lingvide
Gajbjänne
Hallsarve
Folke
Ronemyr
Kärne
Kålmans
Ammunde
Kärne
Tiricker
Burgen
Hemmor
Siglajvs
Kulle
Davide
Gravfält
Bondarve
Bomunds i Burgen
Apse
Bandlunde
Hörte
Findarve
Tomte
Häffinds
Hemb.gård
Skeppssättning
Kärne
Krakstädar
Burge
Gravfält
55
Stale
Findarve
Vanges
Roes
Tomte
Hummelbos
Lindarve
Domerarve
Hägdarve
Bastustajnen
Gerete
Travtr.b.
Bandlunde
Rone
Bandlundviken
Skola
Lukse
Sotkården
Ripsård
Hallbenarve
Getor
Malms
Gravfält
Fågelskyddsområde
Hummelbosholm
Getor
Gullgårde
Halor
Ålarve
Mattsarve
Jakobs
Flusen
Änggårde
Tomtbod
Alarve
Magnuse
Getor
Bygdeg.
Mattsarve
Botes
Sigdes
Vinarve
Halor
Getor
Hus
Ronehamn

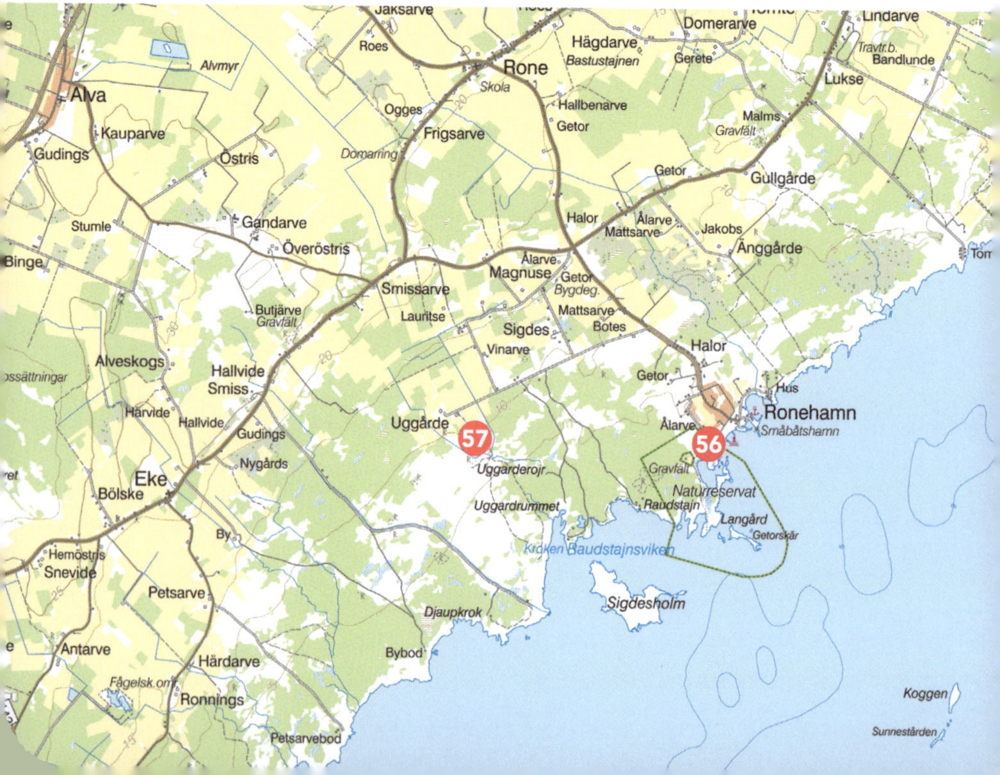
Jaksarve
Domerarve
Lindarve
Hägdarve
Bastustajnen
Gerete
Travtr.b.
Bandlunde
Roes
Rone
Skola
Alvmyr
Alva
Lukse
Hallbenarve
Getor
Ogges
Kauparve
Frigsarve
Malms
Gravfält
Gudings
Domarring
Östris
Getor
Gullgårde
Halor
Ålarve
Jakobs
Gandarve
Mattsarve
Stumle
Överöstris
Ånggårde
Tofta
Binge
Ålarve
Magnuse
Getor
Bygdeg.
Smissarve
Butjärve
Gravfält
Lauritse
Mattsarve
Botes
Sigdes
Alveskogs
Vinarve
Halor
Hallvide
Smiss
Getor
Hus
Härvide
Hallvide
Uggårde
Ronehamn
Småbåtshamn
Ålarve
Gudings
57
56
Nygårds
Uggarderojr
Gravfält
Naturreservat
Eke
Bölske
Raudstajn
Uggardrummet
Langård
Getorskär
By
Kroken
Baudstajnsviken
Hemöstris
Snevide
Petsarve
Sigdesholm
Djaupkrok
Antarve
Härdarve
Bybod
Fågelsk.om
Ronnings
Koggen
Petsarvebod
Sunnestärden

56. ÅLARVE

Südlich von Hafen und Badestelle in Ronehamn breiten sich flache Strandwiesen zum Meer hin aus. Durch das Naturschutzgebiet führt ein leicht mit Kies bedeckter Weg, der sowohl für Rollstuhl als auch Kinderwagen geeignet ist. Am Ende des Stieges liegt ein Rastplatz. In dem Gebiet laufen im Sommer weidende Schafe.

Strandwiesen gehören zur alten Kulturlandschaft. Dort weideten Tiere und man hatte auch Mahd, die die Landschaft offen hielt – zum Vorteil eines reichen Pflanzen- und Tierlebens.

Im Frühsommer schimmern die Strände rosa von Strandnelken. Es ist Nordeuropas größtes Strandnelkenfeld und ein phantastisches Erlebnis. Das Vogelleben ist reich, hier brüten u.a. Sturmmöwen, Küstenseeschwalben, Austernfischer und Säbelschnäbler – und wenn man Glück hat, sieht man auch Reiher, Seeadler und Königsadler. Vor dem Strand liegen fünf kleinere Schären, die größte heißt Getorskär. Auf ihr liegt ein großer Steinhaufen, der vom Ende des 19. Jh. und einige Jahrzehnte länger als Segelmarke für Boote diente, die nach Ronehamn wollten. Bei Niedrigwasser kann man einigermaßen trockenen Fußes zur inneren Schäre Langård gelangen, wo ein weiterer Steinhaufen liegt.

Koordinaten: Ålarve 57°10′16.44″18°29′3.62″

57. UGGARDE ROJR

Das mächtige Steinhaufengrab Uggarde Rojr aus der Bronzezeit sieht man schon von weitem, es türmt sich mitten in der Heide auf. Vom Boden zur Spitze sind es fast 8m bei einem Durchmesser von 45 m. Als solche Gräber vor 3000 Jahren in der jüngeren Bronzezeit errichtet wurden, lagen die meisten an der Küste, doch die Landhebung führte dazu, dass dieses hier nun 1 km vom Meer entfernt liegt. Früher war der Boden hier steinig, wie z.B. bei der Fischerstelle Hus in Ronehamn. Jetzt ist der Boden von Steinen befreit, da alle für den Bau des Steinhaufens verwendet wurden. In dem Gebiet gibt es sieben weitere sog. Großgräber. Unter den wenigen untersuchten Gräbern hat man gestapelte Mauern gefunden, Türme oder Kisten aus Kalksteinplatten. Die meisten wurden mehrere Generationen lang als Grabstelle benutzt. Diesen Ort macht einzigartig, dass die Umgebung von weidenden Tieren offengehalten wurde, vermutlich schon seit der Errichtung der Gräber. Diese wurden gebaut, um gesehen zu werden, oft längs der Küste, aber nicht immer. Hier in der offenen Landschaft kann man sie noch immer so sehen, wie es dereinst gedacht war.

Ein alter Viehweg, auf dem das Vieh vom Hof zur Weide getrieben wurde, führt hinunter nach Uggarde Rojr.

Nördlich von Uggarde Rojr wurde ein großes Gebiet mit Spuren von Landwirtschaft aus der jüngeren Bronze- und älteren Eisenzeit, 1100–500 v.Chr., kartiert. Hier liegen auch Hausfundamente und Steineinhegungen, die etwas später in der Eisenzeit errichtet wurden.

Koordinaten: Uggarde Rojr 57°10'11.42"18°26'15.49"

58. MUSEUMSHOF KATTLUNDS

Auf den offenen Feldern in Meeresnähe steht einer der am besten erhaltenen Bauernhöfe des Nordens mit Steingebäuden aus dem Mittelalter. Teile des Wohnhauses wie auch die Stallungen entlang der Straße stammen aus dem 13. Jh.

Hier lebte Ende des 13. Jh. der Handelsmann Johannes Catlond. Anfang des 15. Jh. war der Richter Botulf Kattlund Eigner des Hofes. Sowohl das Richteramt wie der Besitz wurden über Generationen bis ins 17. Jh. vererbt. Dann wurde der Hof geteilt und Ende des 18. Jh. lebten in Kattlunds ganze sechs Familien.

Einige der Häuser sind mit Platten belegt, flache Dächer mit großen Steinfliesen. In der Scheune befindet sich eine komplett erhaltene Dreschwanderung. Solche wurden auf Gotland im 19. Jh. sehr gebräuchlich und es gab sie auf beinahe jedem Hof. Es ist eine große Holzkonstruktion aus zwei Teilen: Dreschwerk und Wanderung. Die Wanderung ist die Kraftquelle für den Betrieb des Dreschwerks. Sie besteht aus einem großen liegenden Zahnrad aus Holz mit Zugstangen für Pferde oder Ochsen.

In der Mauer, die den Obstgarten hinter dem Wohnhaus umgibt, finden sich Nischen mit Spuren alter Plumpsklos. Auf dem Hof gab es auch einen Schweinestall, Hühner- und Gänsehäuser und eine Tischlerei. In der Budenreihe bewahrte man u.a. Fleisch und Fisch auf.

Kattlunds gehört nunmehr dem Verein Gotlands Fornvänner (Gotlands Museum) und ist im Sommer samt Café und einem Kräutergarten mit Heilkräutern für Besucher geöffnet.

Koordinaten: Kattlunds 57° 6′46.07″18°20′21.71″

Lingen
L. Hajslunds
Grötlingbo
Skradarve
Sigsarve
Pankars naturreservat
Smiss
Fornborg
Ronningsbod
Petsarvegrunn
Gansviken
Bygdeg.
Mårtens
Kauparve
Bildsten
Dals
Skeppssättning
Skradarve
Viklunde
Klasen
Nybro
Storsund
Rangsarve
Sigsarve
Martarve
Martarve
Norrkvie
Bölske
Rovalds
Gravröse
Rangsarve
Sigsarve
Suderkvie
Kauparve
Grötlingboudd
Austerviken
Sigsarve
Roes
58
Rums
Amfunds
Kattlunds
Bälshage
Bankvät
Rullen
Rangsarve
Sallmunds
Museum
Uddvide
Tuttar
Näs
Skåls
Roes
Lunds
Hallinge
Viges
Lingsarve
Gravfält
Frigsarve
Rumvät
Sandården
Sallmunds
Utården
Båtels
Domerarve
Uddvide
Gravfält
Rovalds
Hemb.gård
Sles
Dorvgrunn
140
Skeppssättning
Barshaldar
Flunting
Skåls
Massården
142
Fidenäs
Alvret
Källingudd
Koård
Uddvide skär
Anderse
Skärsbod
Nygranne
Tuviken
Stapeludden
Skallården
Örtård
Bandsården
Naturres.
Österby
Kartård
Anderse
Rommunds
Fride
Storården
Tubod
Burgsviken
Fide
59
Odvalds
L. Västergårde
Bredkvie
Gylvät
Udden

59. KIRCHE UND PRÄSTÄNGE VON FIDE

Die Kirche von Fide aus dem 13. Jh. besitzt einige besondere Details. Außen an der Nordwand die Zeichnung einer Kogge, ausgeführt auf dem noch weichen Putz beim Bau der Kirche. Drinnen am Triumphbogen zeigt eine der mittelalterlichen Malereien einen geplagten Christus mit einer lateinischen Klageschrift. Der Text ist ein Chronogramm, bei dem die Summe der Buchstaben 1361 ergibt, das Jahr, in dem der Dänenkönig Valdemar Atterdag Gotland heimgesucht hat. Auf dem Friedhof liegt das Grab der Künstlerin Tyra Lundgren. Ihr Atelier befand sich in den 1950er- und 60er-Jahren in Bredvie in Fide. Sie war auf vielen Gebieten wirksam und erhielt Aufträge von schwedischen und ausländischen Glas- und Porzellanherstellern. Die Bronzestatue Solfågel, die mitten im Almedalteich in Visby steht, stammt von ihr. Tyra Lundgrens Arbeiten werden auch im Kunstmuseum in Visby gezeigt.

Die am Weg nördlich der Kirche gelegene Pfarrwiese (prästänge) ist Teil eines größeren Laubwaldgebiets, das nunmehr Naturreservat und Teil im Natura-2000-Netzwerk ist. Früher war alles Wiese, doch jetzt wird nur noch die Pfarrwiese im südöstlichen Teil weiterhin durch Mahd gepflegt. Dank dieser traditionellen Methode ist der Boden reich an typischen Wiesenblumen wie Katzenpfötchen, Großem Klappertopf, Teufelsabbis und Schwarzwurzel und Gräsern wie Ruchgras und Zittergras. Viele Orchideenarten wie Geflecktes und Helmknabenkraut, Langblättriges Waldvöglein, Waldhyazinthe und Mücken-Händelwurz fühlen sich hier wohl. Unter den Bäumen dominieren die breitkronigen Eichen und unter den Büschen der Hasel. An den Bäumen wachsen viele ungewöhnliche Flechten. Von den Vögeln hier ist der Halsbandschnäpper, der in den Baumlöchern brütet, wohl der auffälligste.

Koordinaten: Kirche von Fide 57°4'26.48"18°18'54.78"

60. KIRCHE, KASTAL UND KYRKÄNGE VON ÖJA

Die Kirche von Öja liegt mitten in der alten Kulturlandschaft Storsudrets. Der Bau der ältesten Kirche begann um 1200. Im 13. Jh. wurde sie dann umgebaut. Der Turm erhielt dabei seine heutige gewaltige Gestalt durch die sogenannte Egypticus-Werkstatt. Das zeigt, dass es sich hier im Mittelalter um eine wohlhabende Gemeinde gehandelt haben muss. Viele besuchen die Kirche heute wegen der berühmten mittelalterlichen Holzskulptur Öjamadonna, einer trauernden und betenden Jungfrau Maria. Sie steht auf der einen Seite des reich dekorierten Triumphkreuzes aus dem 13. Jh., ist allerdings eine Kopie, das Original befindet sich in Gotlands Museum. Auf der anderen Seite steht der trauernde Jünger Johannes.

Nordöstlich der Kirche, auf der anderen Seite der Straße, steht eine runde Kastalruine. Sie ist teilweise rekonstruiert. Der Sage nach gibt es einen unterirdischen Gang zur Kirche.

Gleich bei der Kirche liegt die wohlgepflegte Kirchwiese (kyrkänge) mit abwechslungsreichem Pflanzen- und Baumbestand aus großen Eichen, Eschen und Birken sowie Haselbüschen; hier wachsen u.a. Orchideen wie Mücken-Händelwurz, Geflecktes Knabenkraut und Helmknabenkraut. In dem dichten Laubwerk fühlen sich viele Vogelarten wohl wie Waldkauz, Waldtaube, große und kleine Spechte, Zaunkönig, Nachtigall, Sing- und Spottdrossel, Halsbandschnäpper, Fliegenschnäpper, Kleiber, Grünfink, Kernbeißer und Star.

Koordinaten: Kirche von Öja 57° 2′4.77″18°18′0.88″

Domerarve
Långvät
Botvide
Roes
Bocksarve
Kastal
Fiskehamn
Olovs
Öja
60
Unghanseskär
Ronarve
Burgsvik
Bygdeg.
Sibbenarve
Mjölhatte träsk
Roes
Halshageträsk
Strands
Mjölhatte
Sandkvie
Botarve
Honngånnmyr
Barkarve
Rudvier
Sandar
Barkarveården
Grasården
Lasses
Fågelskyddsområde
Faludden
Hundlausar
Skoge
Ranarve
Burge
Petes
Barkarve
Fågelskyddsområde
Ollajvsård
Sigfride
Ronnarve
Bringes
Ollajvs
61
Sibbenarve
Burge
Faludden
L. Simunde
Petesviken
Mårtens
Stockvike
Fågeltorn
Stuckvikshamn
Gamla hamn
Sibbjärs
Golfbana
Inre Stockviken
61
Grundården
Aurgrunnsården
Petsarve
Museum
Hägvier
Yttre Stockviken
Sandväten
Bottarve
Fågelskyddsområden
Norrgårde
Sigrajvs
Aurriv
Tämården
Sigfride
Rums
L. Sindarve
Hallvards
Sigfride
Skogs
Ojmunds
Ojmundsbod
Bilds
Storms
St. Sindarve
Hamra
Lillskär
St. Sutarve
Avfallsanl.
Stenhällen
Botrajvs
Rofinds
Hulehallar
Kyrker
Storms

61. FALUDDEN UND STOCKVIKEN

Nach Faludden im südöstlichen Gotland kommen nicht nur Vogelenthusiasten. Niedrige, beweidete Strandwiesen breiten sich in all ihrer Pracht mit altertümlichen Steinmauern und dem Meer zu beiden Seiten aus. An der Straße zur Halbinsel liegen verstreut ältere Höfe.

Südlich der Halbinsel grenzt Stockviken die feuchten Strandwiesen von den schattigen Laubwäldern weiter im Landesinneren ab. Bis ins 19. Jh. war der innere Teil eine Meeresbucht, wurde durch die Landhebung aber zu einem Binnensee. Hier fühlen sich viele Vogelarten wohl: Rotschenkel, Austernfischer, Kampfläufer und Säbelschnäbler. Auch Entenvögel sind hier zu beobachten: Schnatterenten, Löffelenten und Krickenten. Im Frühling und Herbst rasten Tausende Weißwangengänse auf Faludden.

Am See steht ein Vogelturm, der eine faszinierende Aussicht auf den Artenreichtum bietet. Zuweilen kommt es vor, dass Vögel aus dem südlichen und mittleren Europa irrtümlich auf Faludden landen. Das lockt viel Ornithologen hierher. Besteigen Sie den Vogelturm und genießen Sie die fantastische Aussicht, auch wenn Sie kein Ornithologe sind!

Teile Faluddens sind Vogelschutzgebiet. Vom 15. März-30. Juni und vom 1. Oktober-30. November ist der Zutritt zu ihnen verboten.

Koordinaten: Stockviken 56°59'49.62"18°20'54.47"

62. HOLMHÄLLAR

Eines der merkwürdigsten Raukgebiete Gotlands erstreckt sich um eine Landzunge vor Holmhällars Pensionat im östlichen Teil Storsudrets. Die Raukar bestehen aus Riffkalkstein, der sich aus Fossilien von Schwämmen, sog. Kattskallar, großen Seelilien, Korallen und Moostierchen zusammensetzt. Viele von ihnen stehen in Gruppen und bilden schöne halbkreisförmige Muster ähnlich heutigen Atollen.

Hier und da sind stehende Rissbildungen im Stein erkennbar, die schon im Silur entstanden sind und sich mit Sediment füllten. Holmhällar hat sich als eines der letzten gotländischen Riffe vor 420 Mio. Jahren gebildet. Es ist Naturreservat, hier ist es nicht erlaubt, Fossilien zu sammeln.

Die Aussicht auf die kleine Insel Heligholm ist sehr schön und es gibt viele flachgrundige Sandstrände, die Holmhällar zu einem beliebten Ausflugsziel machen.

Nördlich von Holmhällar liegen die Badebucht Skvalpvik und das Raukgebiet Hammars-Hagehällar und bei Austre einer der schönste Badestrände Storsudrets.

Bei Niedrigwasser kann es verführerisch sein, sich entlang des Unterwasserriffs nach Heligholm zu wagen, doch das ist sehr riskant und nicht zu empfehlen, denn die Strömungen sind hier sehr stark. Die Insel ist Vogelschutzgebiet, hier gibt es weitere Raukar und Höhlen.

Die Strandhütten der Fischerstelle Holmhällar sind aus Stein und haben Dächer aus Sandsteinfliesen. Früher waren sie im Besitz der Bauern, für die der Heringsfang in der Fangsaison ein Beitrag zur Selbstversorgung war.

Koordinaten: Holmhällar 56°56′6.94″18°17′15.94″

63. MUSKMYR

Das einzige größere Feuchtgebiet in Storsudret ist das Muskmoor, unmittelbar nordöstlich von Sundres Kirche gelegen. Das Moor wird über sog. Slukhål entwässert, die sich auf natürliche Weise bilden, wenn saures Regenwasser den Felsgrund aushöhlt, und die das Wasser zu unterirdischen Kanälen leiten. In kalten Wintern friert das Wasser und man kann auf dem Eis Schlittschuh laufen.

Im Frühling und Frühsommer blühen Orchideen wie Mücken-Händelwurz, Sumpf-Stendelwurz und Fleischfarbenes Knabenkraut auf den Strandwiesen im nördlichen Teil des Moores. Das Gotlandsonnenröschen, das es nur auf Gotland und Öland gibt, findet man an trockeneren Plätzen rund ums Moor. An frühen Sommermorgen, und nur dann, kann man dessen gelbe Blüten bewundern.

Östlich des Moores lassen sich in machen Jahren viele Kiefern-Prozessionsspinner beobachten. Die berüchtigten Larven dieses Schmetterlings sind von feinen Haaren bedeckt, die erhebliche allergische Reaktionen auslösen können.

Im Moor selbst wächst das Riedgras Reet, lange Zeit das traditionelle Dachdeckmaterial für die Wirtschaftsgebäude der Höfe wie auf den Scheunen in Bottarve und Vamlingbo.

Ein 4 km langer Naturpfad führt durch das Gebiet. Hier gibt es auch einen Vogelturm. Im Herbst sieht man hier viele Zugvögel, aber auch jagende Raubvögel wie Rohrweihe, Mäusebussard, Sperber und Steinadler.

Koordinaten: Muskmyr 56°55′59.03″18°12′2.19″

64. KIRCHE UND KASTAL VON SUNDRE

Auf einer Anhöhe an der Straße Richtung Gotlands Südspitze liegen die Kirche und das frühmittelalterliche Kastal von Sundre. Neben dem Kastal von Gammelgarn und Kruttornet in Visby ist das Kastal von Sundre eines der am besten erhaltenen auf Gotland. Der Legende nach soll es von Valdemar Atterdags Truppen belagert worden sein, als sie 1361 Gotland einnahmen.

Die romanische Kirche wurde im 13. Jh. errichtet. Sie besitzt einen Hauptaltar und zwei Seitenaltare, der nördliche ist Maria zugeeignet, der südliche dem Schutzheiligen der Kirche. Südlich der Kirche sind Ruinen eines mittelalterlichen Pfarrhofs zu besichtigen. Einst besaß er Diele, Wohnstube, Küche und Brauhaus.

Die Sage erzählt von zwei roten Edelsteinen, die in der südlichen Außenwand der Kirche eingemauert sein sollen. Eis heißt, ein Ungeheuer lebte einst im Meer vor Gotlands Südspitze, das manchmal an Land stieg und mit einem roten Edelstein spielte. Einmal ließ es ihn fallen und er zersprang in zwei Teile. Ein Bauer fand sie und ließ sie in die Kirchenmauer einmauern. Tatsächlich waren die Steine, die heute noch in der Fassade zu sehen sind, als Säulentrommel gedacht. Der Schaft einer Säule kann aus mehreren rundgehauenen Steinen bestehen, die der Form nach einer Trommel gleichen. Daher die Bezeichnung Säulentrommel.

Koordinaten: Kirche von Sundre 56°56'10.46"18°10'59.81"

Valar
Mjölhatte träsk
Strand
Mjölhatte
Valar
Kulänge
Kulhaken
Natur-reservat
Killingholm
Hundlausar
Snäckvik
Västlands
Sibbjäns
Golfbana
Gravröse
Bottarve
Snäckhusård
Petsarve
Museum
Häg
Fornåkrar
Petsarve
68
Sigr
Sigfride
Grumpvik
Grumpe
Kastal
Hallvards
Bilds
Storms
Ängvards
Kvarne
Lillängen
Munkboudd
Vamlingbo
Stenhällen
Kyrker
67
Sajviksården
Bjärges
Tumegården
Lingsarve
Simunde
Valkmyr
Svalstä
Bjärgeslänningar
Bjärges
Kvarne
Mickels
Stenstugu
Västergårde
Lingen
Sten
Husgrunder
Tomase
Gervalds
Kättelviksården
Gravfält
Sippmanne
Klasens
Nackshajd
Kättelvik
66
Vännes
Smolalvret
Husryggs naturreservat
Tomase
Museum
Västerbackar
Tore
Anlundar
Augs
Muskmyr
Majstre
Naturreservat
Stenind.
Vaktbackar
Kastalruin
Hallbjäns
Gullstajnen
Natur-reservat
64
Vännes
63
Nore
Sundre
Alvret
Västergårde
Hallbjäns
Lillmyr
Noreb
Kvännmyr
Ottes
Majstre
Skoge
Hoburgsgubben
Majstregården
Juves
Storrojr
65
Digrans
Hoburg
Gravröse
Hoburgen
Hällkista
Digrans
Klehammarsård
Sandvik
Rivviken
Flisviken
Rivet
Udden
Barshageudd

Unghanse
142
Domerarve
Långvät
Roes
Bocksarve
Kastal
Olovs
Öja
Unghanseskär
Ronarve
Bygdeg.
Sibbenarve
Roes
Botarve
Sandkvie
Barkarve
Rudvier
Lasses
Sandar
Barkarveården
Grasården
Skoge
Ranarve
Fågelskyddsområde
Petes
Barkarve
Burge
Faludden
Fågelskyddsområde
Ollajvsård
Sigfride
Bringes
Ollajvs
Ronnarve
Burge
L. Simunde
Sibbenarve
Faludden
Petesviken
Mårtens
Stockvike
Fågeltorn
Stuckvikshamn
Gamla hamn
Grundården
Aurgrunnsården
Inre Stockviken
Yttre Stockviken
Fågelskyddsområden
Norrgårde
Aurriv
Tärnården
Rums
L. Sindarve
Skogs
Ojmunds
Ojmundsbod
St. Sindarve
Hamra
Lillskär
St. Sutarve
Avfallsanl.
Botrajvs
Hulehällar
Storms
Långmyre
Tuvlandet
Linhatte
Ajnviken
Raude hunden
Långmyre
Sallmunds
Sallmundsudd
Linhatte
Grasård
Vändburg
Vändburgsviken
Lillmyr
Fiskehamn
Storms
Suders
Hammarshagehällar
Raukområde
Fornåkrar
Austre
Skvalpvik
62
Holmhällar
Naturreservat
Raukområde
Heligholmen
Fågelskyddsområde

65. HOBURGEN UND HUSRYGG

Das Gebiet um Gotlands Südspitze findet auf der ganzen Insel keine Entsprechung. Die Küste hat ihr besonderes Aussehen der flachen Felswand Husrygg zu verdanken, die entlang der Küste von Hoburgen im Süden weiter nach Norden verläuft. Inlandeis und Meereswogen haben weiche Formen in den kernigen Kalkstein geschliffen. Überreste von Gräbern in der Umgebung zeugen davon, dass hier lange Zeit Menschen gewohnt haben.

Die Hoburgsklippe ist ein riesiges Korallenriff, eines der letzten, das sich vor 420 Millionen Jahren gebildet hat. Kurz darauf hob sich das gesamte Gebiet und das, was Gotlands Felsgrund werden sollte, war ausgebildet. Viel später, nach der Eiszeit, hat das Wasser Strandhöhlen geformt und Raukar und andere Formationen aus der Felswand gemeißelt.

Hoburgsgubben ist ein berühmter Rauk. Der Sage nach soll sich hier ein Riese aus Östergötland mit seinen Schätzen und der gestohlenen Kirchenglocke von Kisa niedergelassen haben. Ein Schild zeigt den Ort an, von dem aus man sein Profil gut erkennen kann.

An der Strandkante unterhalb Husryggens ist der Boden aus Sandstein. Er ist arm an Fossilien, aber von Meereswellen und Spuren grabender Tiere gezeichnet. Weidende Schafe haben die Landschaft offengehalten. Sie sorgen für karges, kräuterreiches Ödland. Auf dem Bergrücken wachsen Sand-Thymian, der seltene Augentrost und Kl. Wiesenknopf. Ende April/Anfang Mai sind am Husrygg die gelb blühenden Frühlings-Adonisröschen zu sehen, die es sonst nur auf Stora Karlsö und Öland gibt. In feuchteren Lagen gedeihen Orchideen wie das Männl. und das Fleischfarbene Knabenkraut sowie der Kammstendel. Jedes Jahr passieren zahlreiche Zugvögel Hoburgen, Tausende werden hier beringt.

Koordinaten: Hoburgen 56°55′19.98″18° 7′56.05″

Frühlings-Adonisröschen.

66. KETTELVIKEN

Ganz sicher trifft zu, was das Straßenschild unmittelbar südlich von Vamlingbo mit der Aufschrift *Vacker väg till Hoburgen* aussagt: Hier schlängelt sich nämlich eine Straße über Viehroste zwischen dem Meer und der osgleichen Felswand Husrygg dahin, die eine der schönsten Küstenstraßen Schwedens ist.

Die niedrigen Klippen am Strand weisen Gotlands einzigen Sandstein auf, der sich hier in einem schmalen Streifen von Hoburgen bis hinauf nach Grötlingbo ausbreitet. Dieser Sandstein, der vor 420 Millionen Jahren noch loses Strandsediment war, zeigt Spuren, die grabende Tiere hinterließen, und Muster wogender Wellen.

In Kettelviken trifft man auf Reste alter Steinbrüche, in denen über Jahre Sandstein für den Export abgebaut wurde. Der Stein wurde schon im Mittelalter nachgefragt. Man brauchte ihn zum Skulptieren von Tauf- und die Herstellung von Schleifsteinen. Vom 16. Jh. an ist der Stein für Bauwerke in den ganzen Ostseeraum ausgeführt worden. Als diese Branche um 1900 am intensivsten war, wurde Gotlands Slipstensbolag in Burgsvik mit 150 Angestellten gegründet.

Im Steinsmuseum von Kettelvik kann man die Bildhauerei am Sandstein ausprobieren. 50 Jahre betrieb Steinmetz John Larsson hier einen Steinbruch. Die windmühlenbetriebene Pumpe für dessen Entwässerung ist noch vorhanden. Die Ausstellung erzählt anhand von Werkzeugen und Fotos von der Steinindustrie und dem Alltag der Steinmetze.

Koordinaten: Kettelviken 56°56'34.51"18° 8'59.74"

67. KIRCHE UND PFARRHOF VON VAMLINBO, NATURUM

Die Kirche von Vamlingbo ist aus dem 13. Jh. Ihre Gewölbe werden von Säulen aus rosa und hellgrauem Kalkstein getragen, der aus dieser Gegend stammt. Obwohl kein echter Marmor, nennt sich der rosa oder rote Stein Hoburgsmarmor. Die Reliefs an der Südfassade des Langhauses und der Taufstein gehören zu einer älteren Kirche, die zuvor hier stand. Teile des Turms sind nach einem Blitzschlag 1817 heruntergestürzt, aber schon in früheren Zeiten war er teilweise verfallen. Der heutige verstümmelte Turm heißt im Volksmund Kaffeemühle.

Eine lauschige Allee südlich der Kirche führt zu einem stattlichen im 18. Jh. erbauten Pfarrhof. Das sehr gut bewahrte Ensemble mit Flügeln und Scheunenreihen ist ein beliebtes Ausflugziel im südlichen Gotland. Der Pfarrhof beherbergt das Lars Jonsson Museum. Der Künstler stellt hier seine Vogelmalereien nach Motiven aus Sudret aus. Im südlichen Flügel ist ein im Sommer geöffnetes Café untergebracht und in dem von Mauern eingefassten, sehr gepflegten Garten gedeihen Blumen und Gemüse.

In der südlichen Scheunenreihe betreibt die Länsverwaltung das Naturum Gotland mit einer interaktiven Ausstellung zur Naturgeschichte der Insel.

Koordinaten: Vamlingbo 56°58′10.08″18°13′53.73″

68. MUSEUMSHOF BOTTARVE

Durch die blaugemalte Tür des südgotländischen Hofes Bottarve in Vamlingbo tritt man ein in gotländisches Alltagsleben des 19. Jh. Zu jener Zeit war der große Saal den Festen vorbehalten, während die Hofbewohner in der Alltagsstube aßen, schliefen und arbeiteten.

Die Kalksteine der dicken Mauern und die Kalksteinfliesen des Daches stammen aus einem nahegelegenen Steinbruch. Das Brauhaus ist erhalten, ebenso ein großer Backofen. Die alte Scheune wurde durch einen Brand in den 1980er-Jahren zerstört, doch ist sie mit Hilfe enthusiastischer Idealisten wieder aufgebaut worden.

Hoburgs Heimatverein hat Bottarvegården 1918 erworben. So konnte der Hof vor dem Abriss gerettet und ein Museum geschaffen werden.

Im Sommer ist der Hof geöffnet. Es werden Führungen, Café, Theater und der Verkauf von Handwerk geboten. Auch zu anderen Zeiten werden Veranstaltungen arrangiert, so am Neujahrstag ein traditionelles Kaffeetrinken (Kaffikalas) mit diversem gotländischen Backwerk. An den Hof grenzt ein großer Spielplatz im alten Stil mit Schaukeln und Klettergerüsten. Hier können Kinder nach Herzenslust herumtollen und spielen.

Eine andere Sehenswürdigkeit in der Nähe Bottarves sind zwei gut erhaltene mittelalterliche Pfeiler aus Stein für die Pforte zum Hof Sigrajvs. Der eine trägt eine Runeninschrift „Olav Suders gjorde oss“ (Olov Suders machte uns).

Koordinaten: Bottarve 56°59′29.83″18°14′46.69″

69. GOTLANDS LANDWIRTSCHAFTSMUSEUM

In der alten Scheune des Spenarve Hofes in Havdhem sind über 5000 Gegenstände untergebracht, die im 19. und 20. Jh. in der Landwirtschaft verwendet wurden, Gegenstände, die auf die verschiedenen Jahreszeiten landwirtschaftlicher Arbeit verweisen wie Eggen, Walzen, Schlitten, Melkmaschinen und Traktoren.

Zu den Raritäten zählen ein Lokomobil und ein Eisfahrrad, mit dem man auf eisigem Untergrund fahren konnte. Das Modell Gotlands Ettan hat dazu mit Spikes versehene Holzkufen. Das mit Holz zu befeuernde Lokomobil aus Munktells Mechanischer Werkstatt in Eskilstuna wurde 1907 hergestellt. Es wurde bis in die 1950er-Jahre als Zugmaschine für Dreschwerke in Isums Sägewerk in Atlingbo verwendet.

Das im Sommer geöffnete Museum präsentiert auch ein altes Schulzimmer und eine Schuhmacherei. Eigentümer und Betreiber des Museums ist die Stiftung Gotlands Lantbruksmuseum mit Gotlands Fornvänner als einem der Stifter.

Koordinaten:
Gotlands Landwirtschaftsmuseum 57°9’38.69″18°19’53.51″

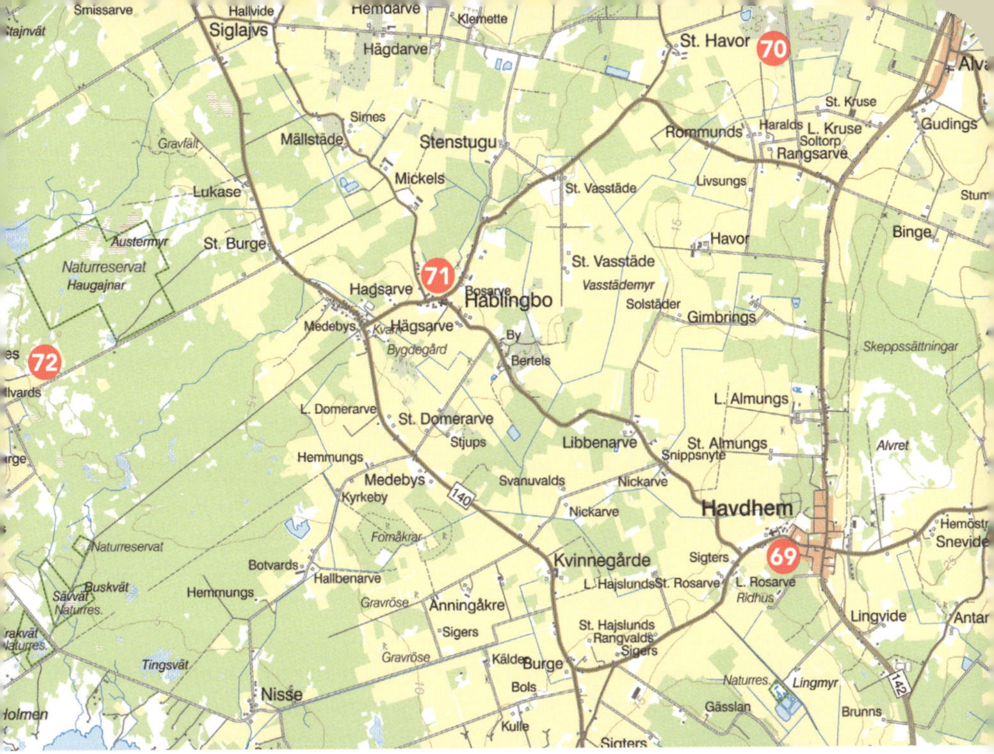
Smissarve
Hallvide
Hemdarve
Klemette
Siglajvs
Hägdarve
St. Havor
70
Simes
Mällstäde
Stenstugu
Rommunds
Haralds
L. Kruse
St. Kruse
Soltorp
Rangsarve
Gudings
Gravfält
Mickels
Lukase
St. Vasstäde
Livsungs
Austermyr
St. Burge
Havor
Binge
Naturreservat
Haugajnar
71
St. Vasstäde
Vasstädemyr
Hagsarve
Bosarve
Hablingbo
Solstäder
Gimbrings
Medebys
Kvarn
Hägsarve
Bygdegård
By
Bertels
Skeppssättningar
72
L. Almungs
L. Domerarve
St. Domerarve
Stjups
Libbenarve
St. Almungs
Snippsnyte
Alvret
Hemmungs
Medebys
Kyrkeby
140
Svanuvalds
Nickarve
Nickarve
Havdhem
Fornåkrar
Naturreservat
69
Snevide
Botvards
Hallbenarve
Kvinnegårde
Sigters
L. Hajslunds
St. Rosarve
L. Rosarve
Ridhus
Buskvät
Sävvät
Naturres.
Hemmungs
Gravröse
Anningåkre
Lingvide
Sigers
St. Hajslunds
Rangvalds
Sigers
Gravröse
Kälde
Burge
Tingsvät
Naturres.
Lingmyr
Bols
142
Nisse
Gässlan
Brunns
Kulle
Sigters

MUNKTELLS
ESKILSTUNA SWEDEN

70. HAVOR

Die Fluchtburg von Havor mit einem Durchmesser von ca. 55 m wurde vor über 2000 Jahren in der älteren Eisenzeit errichtet. Damals lag sie am Ufer eines Sees. Ein gleichmäßiger, hoher Erdwall, der vermutlich mit einer Holzpalisade versehen war, und ein Wallgraben umgaben sie.

Trotz archäologischer Untersuchungen ist unbekannt, warum und von wem die Burg errichtet wurde. Ähnliche Fluchtburgen gab es in der Nähe – hatten vielleicht die größeren Höfe jeweils ihre eigene Anlage? Vielleicht waren die Zeiten unruhig und es bedurfte des Schutzes in der Nähe. Einer anderen Theorie nach waren die Menschen von Havor Tierhändler und benötigten die Burgen zur Einhegung der Tiere und zum Schutz vor Diebstahl.

In Havors Burg entdeckte man den spektakulären sog. Havorschatz. In einem schönen, direkt vor dem Wall vergrabenen Bronzeeimer lagen ein großer Halsring aus Gold, ein Weinsieb, Weinschalen und zwei Tierschellen aus Bronze. Der Goldring nordischen Ursprungs datiert aus der Zeit um Christi Geburt, die Bronzegegenstände dagegen von etwa 100 n. Chr. Sie stammen aus dem römischen Reich. Alle Originale mit Ausnahme des Halsringes befinden sich in Gotlands Museum. Der Halsring wurde 1986 gestohlen, ist aber durch eine sehr gut ausgeführte Kopie ersetzt worden. In der Umgebung der Fluchtburg finden sich Bebauungsreste, die darauf hinweisen, dass die Gegend während der gesamten Eisenzeit bewohnt war.

Koordinaten: Havor 57°12′56.93″18°19′10.83″

Der kreisrunde Wall von Havors Fluchtburg ist noch immer deutlich zu erkennen. Links ein Fundament, ein sog. Riesengrab, aus etwa derselben Zeit wie die Fluchtburg.

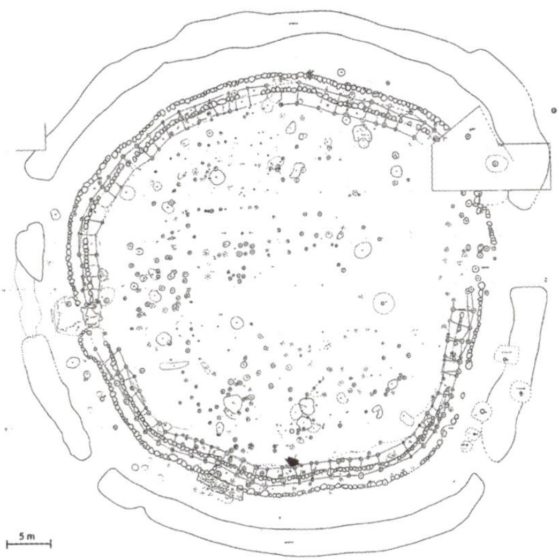

Plan der Burg.

71. KIRCHE VON HABLINGBO

Hablingbos Kirche ist eine der größten Landkirchen Gotlands. Zwei Löwenskulpturen bewachen den nördlichen Eingang des Langhauses. Dieser war das Südportal einer älteren Kirche, das dann wiederverwendet wurde. Von der Kirche aus dem 12. Jh. existieren außer dem Portal eingemauerte Reliefs an der Südfassade und am Turm. Der Chor der ersten Steinkirche war nachweislich mit einer Apsis versehen.

Das heutige Langhaus und der Chor wurden im 14. Jh. von der Werkstatt des anonymen Baumeisters Egypticus geschaffen. Auf dem Tympanon des Nordportals ist die Geschichte Kains und Abels abgebildet: wie die Brüder Gott Opfer bringen und wie Kain Abel erschlägt. Zwei Kolkraben, die auch zu sehen sind, gehören vermutlich einer arabischen Legende an, die von Kain und Abel erzählt. Man beachte auch die Teufelsfiguren, die in Kains Ohr flüstern.

Koordinaten: Kirche von Hablingbo 57°11′16.20″18°15′43.42″

72. MUSEUMSHOF PETES

Der gut erhaltene Petesgård bietet eine wunderschöne Aussicht über niedrige Strandwiesen. Eine hübsche Holzpforte führt in den kleinen, von Häusern eingerahmten, geschützten Vorhof. Das Hauptgebäude wurde nach und nach im 18. und 19. Jh. errichtet. Auf dem Hof gibt es auch ein älteres in Fachwerktechnik erbautes Holzhaus, Hägdarvestugan, das mit alten Möbeln eingerichtet und aus der Nachbargemeinde Silte hierher verlegt worden ist.

Die Apothekerin Ada Block sorgte für den Erhalt des Hofes, als sie ihn in den 1940er-Jahren kaufte und renovieren ließ. Sie kaufte auch Gegenstände zurück, die von dort verschwunden waren. Heutige Besucher können einen gotländischen Strandhof des 19. Jh. erleben, der u. a. einen stattlichen Sandsteinherd von 1797 besitzt. Ada Block legte auch den Garten rund ums Haus an. Sie interessierte sich besonders für alte gotländische Rosen. Viele ältere und seltene Sorten wachsen nun in Petesgårds Garten. Petesgård, der heute Gotlands Fornvänner gehört, ist im Sommer für Besucher geöffnet und lädt auch zu Musik- und Theaterabenden ein.

Koordinaten: Museumshof Petes 57°10'57.40"18°10'25.34"

Westliches Gotland

Seite

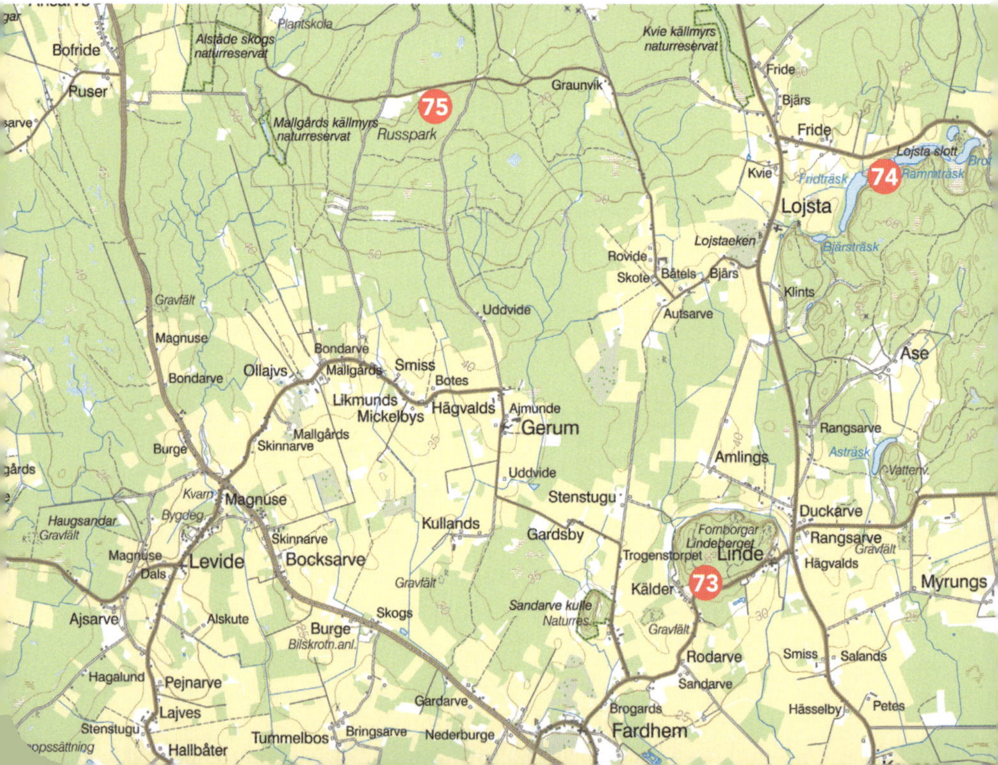

Bofride
Plantskola
Alstäde skogs naturreservat
Kvie källmyrs naturreservat
Fride
Ruser
Graunvik
Bjärs
75
Mallgårds källmyrs naturreservat
Russpark
Fride
Lojsta slott
Kvie
Fridträsk
74
Rammträsk
Lojsta
Lojstaeken
Bjärsträsk
Rovide
Skote
Bätels
Bjärs
Klints
Gravfält
Uddvide
Autsarve
Magnuse
Ase
Bondarve
Bondarve
Ollajvs
Mallgårds
Smiss
Botes
Likmunds
Mickelbys
Hägvalds
Ajmunde
Gerum
Rangsarve
Mallgårds
Skinnarve
Asträsk
Burge
Amlings
Vattenv.
Uddvide
Kvarn
Magnuse
Stenstugu
Duckarve
Haugsandar
Gravfält
Bygdeg.
Kullands
Gardsby
Fornborgar Lindeberget
Rangsarve
Skinnarve
Magnuse
Dals
Levide
Bocksarve
Trogenstorpet
Linde
Gravfält
Hägvalds
Myrungs
Gravfält
Kälder
73
Sandarve kulle Naturres.
Ajsarve
Alskute
Skogs
Gravfält
Burge
Bilskrotn.anl.
Rodarve
Hagalund
Pejnarve
Smiss
Salands
Sandarve
Gardarve
Brogards
Lajves
Hässelby
Petes
Stenstugu
Fardhem
Tummelbos
Bringsarve
Nederburge
Hallbåter

73. LINDEBERGET

Bei der Kirche von Linde führen steile Holztreppen hinauf zum Lindeberg, einer der höchsten Inlandsklippen Gotlands. Der Berg aus Riffkalkstein ist zum Süden hin flach, während die übrigen Seiten steil abfallen. Auf der Ostseite befindet sich ein 50 m breiter und 100 m langer Einschnitt, der von eiszeitlichem Schmelzwasser geformt wurde.

Vom 30 m hohen Plateau hat man eine weite Aussicht über das südöstliche Gotland mit den vielen Kirchtürmen. Am Rand des Plateaus bei dem lichten Kiefernwald gibt es einen Grillplatz. Der Pfad am Klippenrand führt zu zwei Fluchtburgen an der nördlichen und nordöstlichen Seite. Diese können in Unruhezeiten als Wach- und Zufluchtsplätze, in Friedenszeiten als Handels- oder Kultplätze gedient haben. Breite Steinwälle schützten sie an den Seiten, wo steile Abhänge fehlten. Die Burgen sind nicht untersucht, wurden aber vermutlich in der älteren Eisenzeit (0–550 n. Chr.) angelegt. Aus dieser Zeit stammen auch einige Steinhaufengräber bei der einen Fluchtburg.

Auf dem Plateau steht ein lichter Kiefernwald. Da wo die Erdschicht ganz dünn ist, breitet sich Heide aus mit oft rissigem Feldboden. Hier fühlt sich das silberfarbige Wimper-Perlgras genauso wohl wie blauer Natternkopf, gelbes Labkraut, Schwalbenwurz und Sand-Thymian. An den mit Nadelbäumen bewachsenen steilen Hängen im Norden wächst u.a. der seltene Ruprechtsfarn und in nassen Herbsten gibt es hier reichlich Pilze.

Koordinaten: Lindeberget 57°16′45.86″18°22′40.26″

74. LOJSTATRÄSK UND LOJSTA SCHLOSS

Bei den Lojstaseen hat das Inlandeis eine für Gotland sehr ungewöhnliche Landschaftsformation geschaffen mit tiefen aneinandergereihten Seen und steilen Uferabhängen. Anfangs ein einziger See, gibt es heute mehrere durch schmale Kanäle getrennte, die hier und da fast zugewachsen sind. Im Sommer kann man Kanus mieten und das Seensystem durchpaddeln, auch wenn der Bewuchs in den Kanälen etwas hinderlich wird.

An einem Seeufer steht die Lojstahalle, ein rekonstruiertes Eisenzeithaus. Es entstand in den 1930er-Jahren, heute stellt man sich eisenzeitliche Wohnstätten jedoch anders vor. U.a. glaubt man, dass das Dach nicht so hoch und so steil war.

Auf einem Holm in der Nähe wurde Ende des 14. Jh. eine Verteidigungsanlage errichtet – Lojsta Schloss. Solche alten Anlagen nennt man auf Gotland oft Schloss. Dies hier scheint von den damaligen Seeräubern errichtet worden zu sein, den Vitalienbrüdern. Sie waren Verbündete des unpopulären und abgesetzten schwedischen Königs Albrecht von Mecklenburg. Mehrere Jahre hatten sie Gotland als Basis, wurden aber 1398 vom Deutschen Orden vertrieben, der seine Macht über den Ostseeraum ausdehnte. Heute sind die deutlichsten Spuren der Festung der Wall und der Wallgraben, der den Holm kreuzt, und der Wallgraben auf der Landseite der Burg. Vermutlich wurde diese sowohl auf der See- wie der Landseite auch durch Palisaden, also spitze Holzpfähle, geschützt.

Koordinaten: Lojstaträsk 57°19'16.38"18°25'20.40"

75. RUSSPARK AUF LOJSTA HED UND MALLGÅRDS KÄLLMYR

Die Lojsta Heide ist ein großes zusammenhängendes Nadelwaldgebiet. Auf Gotländisch bezeichnet das Wort Hajd/Hed einen beweideten Wald. Die Wälder gehörten zur Allmende, die früher von den Bauern gemeinsam als Viehweide genutzt wurde. Auf Lojsta Heide, einem Kalksteinplateau, liegt Gotlands höchster Punkt: 83 m ü. d.M.

Im Russpark lebt das Gotland-Pony (Gotlandruss), die einzige erhaltene Pferderasse Schwedens. Sie gab es wildlebend seit vorgeschichtlicher Zeit auf Gotland und war beinahe verschwunden, bis es lokalen Pferdebesitzern, Grundeignern und der Haushaltsgesellschaft Anfang des 20. Jh. gelang, sie zu erhalten. Heute weiden rund 50 ausgewachsene Russ-Stuten ganzjährig auf der Lojsta Heide. Jeden Juni wird ein Hengst zu den Stuten gelassen und im Frühjahr darauf werden rund 30 Fohlen geboren, die den ganzen Sommer und Herbst bei den Muttertieren bleiben, bevor sie verkauft werden. Im Rahmen der jährlichen, sehr beliebten Russprämierung Ende Juli werden die besten und rassetypischsten Ponys ausgezeichnet.

Auf der Lojsta Heide gibt es Quellmoore. Sie entstehen, indem Grundwasser aus dem Boden gedrückt wird, z. B. das Quellmoor Mallgårds, ein Naturreservat (erreichbar über einen ausgeschilderten Parkplatz 2 km westlich vom Russpark). In dem speziellen Milieu wachsen u.a. Alpenhelm und Alpen-Fettkraut, seltene Pflanzen, die es sonst nur im Gebirge gibt. Kaltes Fließwasser, kalkhaltiger Boden und offene Landschaft bieten ähnliche Bedingungen wie das Gebirge oder die Tundra, die hier nach der Eiszeit vorherrschten. Pflanzen, die sich damals ausbreiteten, findet man noch heute im Quellmoor, auch Orchideen wie Wohlriechenden Händelwurz, Mücken-Händelwurz, Sumpf-Stendelwurz und Fliegen-Ragwurz. Russ halten die Landschaft offen und fördern so die reiche Flora des Moores.

Koordinaten: Russpark 57°19'44.73"18°19'40.40"
Mallgårds Källmyr 57°19'45.85"18°17'39.29"

Boden
77
Skeppssättning
Djauvik
Hajstäde
Helges hages naturres.
Hallgårds
Grymlings
Mickelmyr
Bopparve
Uggårds
Antonstorp
Lillegårds
Rondarve
Lådarve
Rondarve
Stjärnarve
Haugsandar
Gravfält
Vavle
Skansudd
Strandänge
Jakobs
Hajstäde
Siger
Skola
Eksta
L. Mellings
Kvie
Nordervik
Ajvide
Tomsarve
Ajvide
Bopparve
Kronvald
Ekstakustens
naturreservat
Burgegårde
St. Mellings
Ajsarve
Käbbe
Bjärges
Hägur
Burge
Dinse
Bäne
Tomsarve
Burge
Hägur
77
Hägur
Mattsarve
Hagalu
St. Norrgårde
Urgude
Stenstug
Skeppssättning
Urgude
Fornåkrar
76
140
Hammarudd
Sandholme
Vattskogs
Mårtens
Tjängdarve
Alvegårde
Bosarve
Naturreservat
Tamskär
Fågelskyddsomr.
Långstiteviken
Mattsarve
Sproge
Butvier
Stymnes
Bodbacke
Fuldye
Kruse
Gravfält
Skeppssättning
Gårdsbacke
Fågelskyddsområde
Lindarve
Bosarve
Häguskär
Busan
Rullen
Hägsarve
Botrajvs
Storkanal

76. BOSARVE LAUBWALD UND SOLSÄNGET

Unmittelbar nördlich der Kirche von Sproge führt eine ausgeschilderte Straße nach Osten zum Laubwald Bosarve – ein Naturreservat mit unterschiedlichen Laubgehölzflächen: dichter Wald, beweidete ehemalige Wiesen und eine traditionell gepflegte Wiese, Solsänget. Solsänget liegt im nordwestlichen Teil und kann mit dem Auto über eine ausgeschilderte Einfahrt bei Hallbåter in Levide erreicht werden.

An Laubbäumen stehen hier vor allem Feldulmen, Eichen und Eschen, darunter wachsen Leberblümchen und Buschwindröschen, Schlüsselblumen, Hain-Veilchen und Einbeere. In dem lauschigen Gelände sieht und hört man typische Laubwaldvögel wie Specht, Hohltaube, Gelbspötter, Kernbeißer und Halsbandschnäpper. Ein rund 3 km langer Wanderpfad führt durch diese schöne Kulturlandschaft.

Eingesprengte kleine Äcker, wie Rojraker im südwestlichen Teil des Reservats, haben ihre unregelmäßige Form aus dem 18. Jh. bewahrt. Auf Solsänget gibt es 8 Hausfundamente aus der älteren Eisenzeit (0–550 n.Chr.), die 3–4 Höfe ausmachten. Ein weiteres Hausfundament aus derselben Zeit liegt auf einem Ackerhügel in Rojraker.

Koordinaten: Bosarve 57°15'17.2"18°13'38.3"

77. EKSTAKUSTEN MIT DJUPVIK

Die lange Ekstaküste ist eines der populärsten Ausflugsziele Gotlands. Von hier hat man eine schöne Aussicht auf die Karlsinseln. Viele kommen hierher, um die Sonne über dem Meer untergehen zu sehen oder um sich an dem kleinen Strand zu sonnen. Djupviks Fischerstelle mit ihren Holzhütten diente den Bauern der Gegend im 19. Jh. zum Herings- und Dorschfang. Von Anfang an besaßen die Häuschen steinerne Dächer und es gab einen Stall für die Pferde der Bauern. Er ist verschwunden, aber der Trockengarten für die Netze ist erhalten.

Oberhalb des Klappersteinstrandes führt ein Weg von Djupvik im Norden nach Hammarudden im Süden. Längs des Weges wachsen niedrige, vom Wind geformte Nadelbäume – je weiter draußen desto niedriger und krummer. Am Weg gibt es mehrere hergerichtete Raststellen und einen Grillplatz. Die Gegend ist Naturreservat, hier wachsen der im übrigen Land ungewöhnliche Tataren-Lattich und Strandrauke und Sand-Thymian.

Am Weg nach Hammarudden liegt die altertümliche Fischerstelle Kronvald. Hier soll der dänische König Valdemar Atterdag mit seinen Männern 1361 an Land gegangen sein, um bei der Eroberung Gotlands gen Visby zu marschieren. Kronvald besitzt einen Trockengarten, überdies ein altes Leuchtfeuer, eine lange Stange mit einem Eisenkorb, in dem ein Feuer entzündet wurde, um den Weg zurück zur Fischerstelle zu weisen. Hammarudden ist Gotlands westlichste Landzunge. Das Vogelschutzgebiet Ugnen ist ein Teil davon. In dem Küstenabschnitt befinden sich beweidete Strandwiesen mit einem sehr reichen Vogelleben. Hier brüten u.a. Graugans, Schnatterente, Knäkente, Spießente, Säbelschnäbler, Kampfläufer, Alpenstrandläufer und Zwergseeschwalbe. Damit die brütenden Vögel nicht gestört werden, herrscht hier zwischen dem 15.3. und 30.6. Zutrittsverbot.

Koordinaten: Djupviks Fischerstelle 57°18′27.26″18° 8′54.93″

Arran

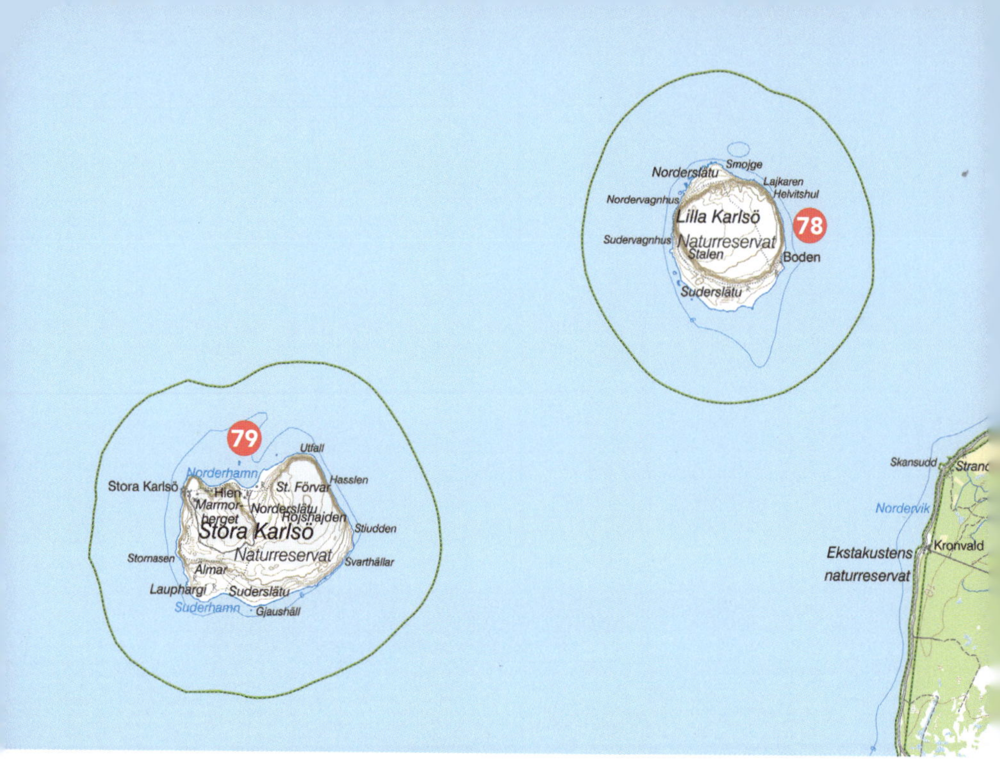
Norderslätu
Smojge
Lajkaren
Helvitshul
Nordervagnhus
Lilla Karlsö
78
Sudervagnhus
Naturreservat
Stalen
Boden
Suderslätu
79
Utfall
Norderhamn
Hassfen
Stora Karlsö
St. Förvar
Hien
Marmor-
berget
Norderslätu
Höjshajden
Stiudden
Stora Karlsö
Stornasen
Naturreservat
Svarthällar
Almar
Laupharg
Suderslätu
Suderhamn
Gjaushäll
Skansudd
Nordervik
Kronvald
Ekstakustens
naturreservat

78. LILLA KARLSÖ

Die beiden vor der Westküste gelegenen Karlsinseln sind vor allem wegen ihres reichen Vogellebens bekannt. Auf dem einzigen richtigen Vogelberg Schwedens und des Ostseeraums brüten jedes Jahr Tausende Trottellummen und Tordalken. Auch gibt es hier viele Möwenarten, Kormorane und Tauchenten. Die Kleine Karlsinsel (Lilla Karlsö) liegt 3 km vor der Ekstaküste und ist höher als ihre äußere Nachbarinsel. Ein kahles Plateau mit steilen Klippen oder Abhängen nimmt den größten Teil der Insel ein. Hier findet man noch Spuren von Strandwällen, die nach Abschmelzen des Inlandeises und Hebung der Insel von Meereswellen aufgespült wurden. Als die Insel sich weiter hob, gruben die Wellen Grotten und andere Formationen in die Klippenkanten und meißelten die Raukar an den Stränden.

Das Landschaftsbild der Insel ist von der Beweidung durch Schafe geprägt, die seit Jahrtausenden hier üblich war. Wald fehlt und die wenigen Laubbäume und Büsche findet man nur in Senken. Hier weidet das Guteschaf, eine ursprünglich gotländische Rasse, bei der sowohl Bock als auch Mutterschaf Hörner tragen. Ansonsten ist die Kegelrobbe das einzige Säugetier, das man hier sehen kann. Die Gotland-Ringelnatter hat sich als einzige Reptilienart hier angesiedelt. Am Südende der Insel finden sich Gräber aus der Steinzeit als Spuren menschlicher Besiedlung.

Beide Karlsinseln sind Naturreservat und einzelne Teile auch Vogelschutzgebiete, die während der Brutzeit nicht betreten werden dürfen. Der Naturschutzverein, dem die Insel gehört, arrangiert geführte Touren zu den Vogelklippen, Seehundplätzen und seltenen Gewächsen wie Echtem Herzgespann und Eichen-Lattich.

Von Klintehamn aus gehen im Sommer täglich Bootstouren nach Lilla Karlsö, wo man in kleinen Hütten mit einfachen Kochstellen übernachten kann.

Koordinaten: Der Hafen in Klinteham 57°23'20.45"18°11'15.42"

STORA KARLSÖ

79. STORA KARLSÖ

Auch die große Karlsinsel, einige Kilometer weiter von der Küste entfernt als die kleine, ist ein Kalksteinplateau mit einer von steilen Abhängen und dramatischen Formationen geprägten Küste. Sie gehört dem Karlsö Jagd- und Tierschutzverein und ist das zweitälteste Naturschutzgebiet der Erde. Die offenen, beweideten Flächen sind im Mai übersät von blühenden Orchideen wie Adam und Eva und Brandknabenkraut. Beim Leuchtturm liegt der größte Vogelberg der Ostsee. Hier brüten jedes Jahr große Kolonien Trottellummen und Tordalken. Ende Juni findet ein seltsames Schauspiel statt, wenn sich die Jungen der Trottellummen von den Klippen ins Meer stürzen, von wo die männlichen Vögel sie locken.

Die Grotte Stora Förvar mit ihrer meterdicken Kulturschicht wurde von Menschen seit der Steinzeit genutzt. Die ältesten Hinterlassenschaften sind 9000 Jahre alt. Auf der Insel gibt es auch rund 70 Steinzeitgräber.

Im Sommer gehen Bootstouren von Klintehamn aus. In der Jugendherberge, in den einzelnen zum Leuchtturm gehörenden Häusern und im Leuchtturm aus dem 19. Jh. selbst kann man übernachten. Es gibt auch ein Restaurant. Teile der Insel sind Vogelschutzgebiet, das im Sommer nicht betreten werden darf.

80. GANNARVE, KIRCHE UND KASTAL VON FRÖJEL

Südlich von Klintehamn an der Straße nach Fröjel liegt das Gannarveschiff. Es ist eine von 350 Schiffssetzungen Gotlands, Gräbern in Schiffsform, in denen die Asche der Toten nach der Kremierung in Tonkrügen beigesetzt wurde. Bei Gannarve gab es einst zwei Schiffssetzungen aus der jüngeren Bronzezeit (1100–500 v. Chr.). Eines wurde rekonstruiert und ist heute hier als 29 m lange Schiffssetzung zu sehen.

Von der Anhöhe bei Kirche und Kastal von Fröjel hat man eine sehr schöne Aussicht auf die Karlsinseln. Vom Kastal, das als Verteidigungsturm oder als Warenlager gebaut wurde, hätte man eines Julimorgens 1361 die dänische Flotte Valdemar Atterdags auf dem Meer sehen können, die Gotland einnahm, das dann 300 Jahre dänisch blieb.

Die ältesten Teile der Kirche stammen vermutlich aus dem späten 12. Jh. Einige hundert Jahre später sollte die Kirche umgebaut werden. Doch im 14. Jh. wurden die Zeiten schlechter und die intensive und teure Bautätigkeit auf der Insel hörte ganz auf. Nach der Mitte des 14. Jh. wurde so gut wie keine Kirche mehr umgebaut. Hier ist der Chor der einzige umgestaltete Teil. Er ist höher als das Langhaus, wodurch die Kirche zu den sog. Sattelkirchen gehört. Der Taufstein mit Teilen aus dem 12. Jh. ist der älteste Gegenstand in der Kirche. Das Triumphkreuz aus dem 14. Jh. ähnelt dem berühmten Kruzifix der Kirche von Öja.

Am Strand gab es einen Hafen, ursprünglich aus der jüngeren Eisenzeit (ca. 550–1050 n.Chr.). Unlängst haben Archäologen das Gebiet umfassend untersucht und interessante Reste einer Werkstatt entdeckt, in der man metallene Gegenstände herstellte. Offenbar handelte es sich um eine recht fortschrittliche Werkstatt für die Reinigung von Silber.

Koordinaten: Gannarve 57°20′51.85″18°11′33.07″
Kirche von Fröjel 57°20′6.57″18°11′26.39″

81. VALLHAGAR

Vallhagar im Kirchspiel Fröjel ist Gotlands größter Siedlungsplatz der älteren Eisenzeit. 24 Hausfundamente verweisen auf 5–6 Höfe. Deren Grundstücke waren durch Steinmauern voneinander abgegrenzt. Zur Siedlung gehörten Viehwege, kleine Äcker und weite Wiesen. Viehzucht war ein wichtiger Teil der Versorgung, und die Wiesen lieferten Futter für das Vieh. In jener Zeit entstanden die gotländischen Wiesen. Die Siedlung entstand im 2. Jh. und wurde im 6. Jh. aufgegeben. Einige Häuser wurden niedergebrannt, in einem von ihnen verbrannte eine Person. Aber warum die Siedlung aufgegeben wurde, ist unklar.

Umfassende archäologische Untersuchungen in den 1940er-Jahren förderten vielen Funde von Keramik, Gerätschaften und persönlichen Dingen zutage. Sie geben einen guten Einblick in das Leben der Siedlung. Analysen von Tierknochen und Pflanzenresten zeigen, dass das Schaf das wichtigste Tier gewesen war, dass man aber auch Kühe, Pferde und Hühner hielt. Die Funde von Hühnerknochen gehören zu den ältesten in Schweden. Die Bewohner hatten sogar Katzen.

Auf den kleinen Äckern wurde Gerste, Weizen und Roggen angebaut. Jagd und Fischfang trugen zur Versorgung bei. Man jagte Robben, Gänse und Rebhühner. In der Nähe der Siedlung gab es einen See, in dem man fischen konnte.

Mehrere Gräberfelder in der Umgebung zeigen, dass der Ort vor und nach der Zeit der Siedlung Anwendung fand.

Koordinaten: Vallhagar 57°20'26.63"18°13'54.49"

Stenstugu
Mulde
Fornborg
Däpps
140
141
L. Solbjärge
St. Solbjärge
Hajdes storhage naturreservat
Naturres.
Hoxelmyr
Ridhus
Gannarve
Skeppssättning
Gannarveskär
80
Gravfält
Ansarve
St. Hajdes
L. Hajdes
Alstäde
Utården
Buskården
Haugklintar
81
Vallhagar
Ansarve
Plantskola
Nymans
Fröjel
80
Bofride
Alstäde skogs naturreservat
Valbybodar
Bottarve
Fornborg
Sigdarve
Gravfält
Ruser
Bosarve
Mallgårds källmyr naturreservat
Göstavs
Sälle
Sigdarve
Rovide
Sandhamn
Fröjelg.
Bockes
Kusarve
Stora Blåhäll
Robsarve
Helges hages naturres.
Hallgårds
Gravfält
Hajstäde
Djauvik
Grymlings
Magnuse
Skeppssättning
Mickelmyr
Bondarve
Bopparve
Bondarve
Ollajvs
Uggårds
Burge
Mallgårds
Skinnarve
Antonstorp
Lillegårds
Rondarve
Lådarve
Rondarve
Stjärnarve
Kvarn
Magnuse

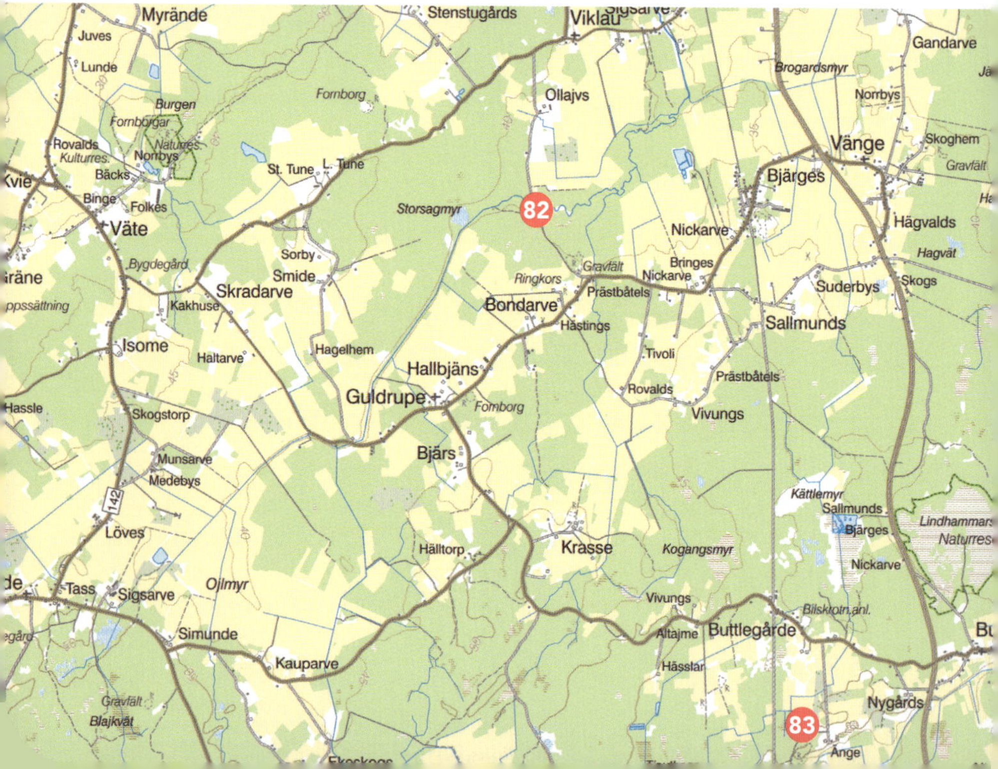

Myrände
Stenstugårds
Viklau
Sigsarve
Gandarve
Juves
Lunde
Fornborg
Ollajvs
Brogardsmyr
Norrbys
Burgen
Fornborgar
Rovalds
Kulturres.
Naturres.
Norrbys
Vänge
Skoghem
Gravfält
Bäcks
St. Tune
L. Tune
Bjärges
Binge
Folkes
Storsagmyr
82
Hägvalds
Väte
Nickarve
Hagvät
Bygdegård
Sorby
Ringkors
Gravfält
Bringes
Nickarve
Skogs
Smide
Suderbys
Skradarve
Prästbåtels
Kakhuse
Bondarve
Sallmunds
Hästings
Isome
Hagelhem
Tivoli
Haltarve
Hallbjäns
Prästbåtels
Rovalds
Guldrupe
Fornborg
Vivungs
Hassle
Skogstorp
Bjärs
Munsarve
Medebys
Kättlemyr
Sallmunds
Bjärges
Lindhammars
Naturres.
142
Löves
Hälltorp
Krasse
Kogangsmyr
Nickarve
Tass
Sigsarve
Ojlmyr
Vivungs
Bilskrotn.anl.
Simunde
Altajme
Buttlegårde
Kauparve
Hässlar
Gravfält
Blajkvät
Nygårds
83
Ånge

82. TJAUKLE

Zwischen der Kirche von Viklau und Väte im mittleren Gotland liegt ein versteckter, aber sehr schöner Platz im Wald am Tjaukleflüsschen. Ein wirklich naturschöner Ort, der große Ruhe ausstrahlt. Tjaukleån schlängelt sich vom Tjauklemoor bis zu seiner Mündung ins Meer über Gothemsån durch das nordöstliche Gotland. Weil recht viele Wasserwege begradigt wurden, sind Flüsschen wie dieses, die sich natürlich winden, auf Gotland ungewöhnlich.

Weidende Tiere haben die Uferböschungen offen gehalten. Im Frühling ist der Boden übersät mit Buschwindröschen. Offene Grasflächen laden zum Picknick ein, es gibt auch Tische und Bänke. Der hochgewachsene Nadelwald, der den Fluss säumt, wächst auf feinkörnigem und nährstoffreichem Boden. Im Schatten der Nadelbäume gedeiht die seltene Waldgerste. Sie kann bis zu 1 m hoch werden. Hier fühlen sich auch viele Pilze wohl, die im Herbst Pilzsammler nach Tjaukle locken. Man findet hier u. a. den seltenen Schwarzgrünen Klumpfuß.

Das ganze Jahr über kann man in Tjaukle wunderbar den Fluss entlang spazieren gehen. Im Winter taucht die Wasseramsel nach Insekten.

Koordinaten: Tjaukle 57°26′52.45″18°26′53.62″

83. ÄNGE IN BUTTLE

Zwei mächtige Bildsteine stehen nah beim Hof Änge in Buttle. Sie stehen etwas abseits, man gelangt zu ihnen über einen Privatweg. Doch im 8. Jh., der jüngeren Eisenzeit, als die Steine errichtet wurden, war der Ort ein Knotenpunkt zwischen Lojsta, Buttle und Etelhem. Bei den Bildsteinen befindet sich eine teils mit Steinen belegte Umwallung, das Gebiet ist reich an frühgeschichtlichen Überresten. Archäologische Untersuchungen im 20. und 21. Jh. brachten einige kleinere Steine zutage, teils unversehrt, teils zerbrochen. Einige der Bruchstücke waren als Baumaterial wiederverwendet worden. Andere wurden als kleine Truhe gedeutet.

Leider sind die Motive der Bildsteine heute nur schwer erkennbar, doch der höchste von ihnen misst fast 4 m und ist der größte als Ganzes erhaltene Bildstein Gotlands. Auf vier Feldern sind gehende Männer eingeritzt. Weiter unten sind ein Ritter und ein Schiff in stürmischer See wahrzunehmen. Der kleinere Stein hat keine eingravierten Muster, er könnte mit einem Bild bemalt gewesen sein, das nicht mehr erhalten ist. Diese Art Bildsteine gibt es nur auf Gotland. Sie wurden an Orten aufgestellt, an denen sich Menschen versammelten oder an Wegen und Brücken. Ihre Bilder erzählen von wirklichen Geschehnissen oder Sagen. Die Truhe aus Buttle und andere Steine sind in der Bildsteinhalle in Gotlands Museum ausgestellt.

Koordinaten: Änge in Buttle 57°23′41.56″18°29′59.01″

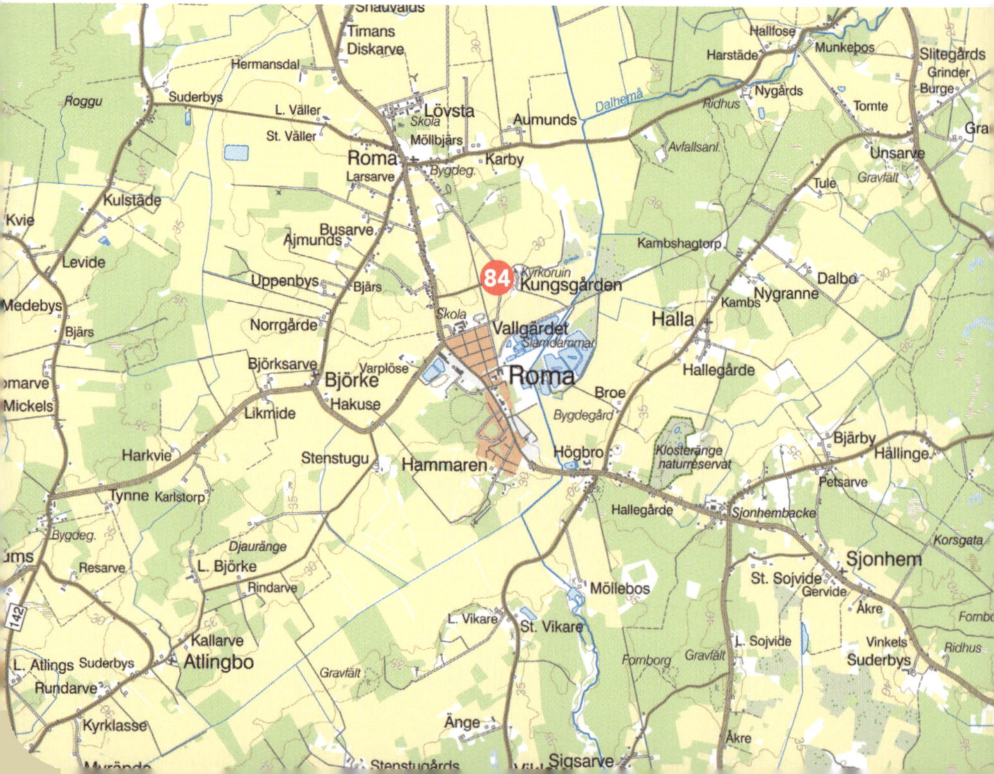

Timans
Diskarve
Hermansdal
Roggu
Suderbys
L. Väller
St. Väller
Lövsta
Skola
Möllbjärs
Aumunds
Dalhemå
Hallfose
Harstäde
Munkebos
Slitegårds
Grinder
Burge
Nygårds
Ridhus
Tomte
Avfallsanl.
Roma
Larsarve
Bygdeg.
Karby
Unsarve
Tule
Gravfält
Kulstäde
Kvie
Levide
Busarve
Ajmunds
Kambshagtorp
84
Kyrkoruin
Kungsgården
Dalbo
Uppenbys
Bjärs
Nygranne
Kambs
Halla
Medebys
Bjärs
Norrgårde
Skola
Vallgärdet
Slamdammar
Björksarve
Varplöse
Björke
Roma
Hallegårde
Mickels
Hakuse
Likmide
Broe
Bygdegård
Harkvie
Stenstugu
Hammaren
Högbro
Klosteränge naturreservat
Bjärby
Hällinge
Petsarve
Tynne
Karlstorp
Hallegårde
Sjonhembacke
Bygdeg.
Djauränge
Korsgata
Resarve
L. Björke
Sjonhem
Rindarve
St. Sojvide
Gervide
Möllebos
Åkre
142
Kallarve
L. Vikare
St. Vikare
L. Sojvide
Vinkels
L. Atlings
Suderbys
Atlingbo
Gravfält
Fornborg
Gravfält
Suderbys
Ridhus
Rundarve
Kyrklasse
Änge
Åkre
Sigsarve

84. ROMA KUNGSGÅRD

Eine stattliche Allee führt über die Felder vom Ortszentrum Roma zum Roma Kungsgård. Seit der Frühgeschichte ist hier ein Versammlungsplatz gewesen. Schon in der Wikingerzeit, ca. 800–1050 n. Chr., trafen sich hier Vertreter ganz Gotlands zum Allting, der höchsten regierenden Versammlung der Gotländer, die in Roma abgehalten wurde, um Beschlüsse zu fassen. Roma war auch Handelsplatz, man traf sich und tauschte Ideen aus. Unzählige Gewichte und Teile von Waagen sind in den Äckern rund um das Kloster gefunden worden.

Das Allting beschloss auch, die Mönche des Zisterzienserklosters in Nydala sollten in Roma ein Tochterkloster gründen. Im 12. Jh. hatte sich der weiß gekleidete Orden über das damalige katholische Europa ausgebreitet. Er entwickelte neue, moderne Ideen in der Landwirtschaft, im Steinbau und in der Heilkunst. Die Kirchenruine im romanischen Stil mit ihren Bogengewölben ist das Einzige, was von dem 1164 gegründeten Kloster übriggeblieben ist. Auch wurde ein Teil der Grundmauern weiterer Klostergebäude freigelegt.

Im 18. Jh., nachdem das Kloster einige hundert Jahre öde gelegen hatte, sind seine Steine für den Bau des heutigen Roma Kungsgård verwendet worden. Zunächst fungierte er als Residenz der gotländischen Landeshauptmänner. Später wurden die Gebäude von örtlichen Landwirten und vom Militär als Lager genutzt. Die Kirchenruine war Schafstall. Carl von Linné beschrieb ihn nach seinem Besuch in Roma 1741 als „den prächtigsten Schafstall Schwedens“.

Roma Kungsgård ist ein Kulturtreffpunkt mit Handwerk, Ausstellungen, Führungen und Café. Jeden Sommer werden Stücke von Shakespeare in der Kirchenruine aufgeführt. Sie bietet ein einzigartiges Bühnenbild unter freiem Himmel.

Koordinaten: Roma Kungsgård 57°30′57.70″18°27′28.39″

85. MÄSTERBYÄNGET UND VARPAÄNGET

Die Wiese südwestlich von Mästerby ist eine der größten Gotlands, die noch auf traditionelle Weise gepflegt wird. Im Frühling wird geharkt, Reisig und Laub werden für eine reichere Heuernte verbrannt. Dann wird das hohe Gras mit der Sense gemäht und an offenen Stellen auf der Wiese getrocknet. Früher nutzte man jeden Baum, jeden Busch, jedes Kraut als Nahrung oder Medizin für Tiere und Menschen. Man stutzte oder beschnitt die Bäume, bewahrte Laub und Zweige auf, trocknete diese und lagerte sie als Futter für das Vieh. Noch heute werden viele Bäume auf Gotland gekappt. Diese Art, die Wiese zu pflegen, schafft ein lebensfreundliches Milieu für seltene Pflanzen und Vögel.

Auf der Wiese gedeihen u. a. mächtige Eichen und Feldulmen, Moorbirken, Eschen und Haselnuss. Den mageren Boden mögen die Orchideen, die hier ungewöhnlich dicht wachsen. Es gibt große Bestände des Großen Zweiblatts, aber auch Männl. Knabenkraut, Mücken-Händelwurz und Zweiblättrige Waldhyazinthe.

Der nördliche Teil der Wiese wird vom Heimatverein Mästerby gepflegt. Der Verein hat mehrere Bohlenblockhäuser errichtet und feiert hier jedes Jahr Mittsommer.

Der Varpa-Club Banda ist für den südlichen Teil zuständig. Er wurde nach dem Krieg zu einer Spielfläche für Varpa (gotl. Spiel mit flachen Steinen, ähnlich Boule) oder Pärk (gotl. Ballspiel) gestaltet und ist größtenteils offene Fläche, umsäumt von Eichen mit ausladenden Kronen. Zur Mahd wird hier immer Varpa gespielt.

Die blutigen Ereignisse von 1361, als Valdemar Atterdags Armee ein gotländisches Heer bei Mästerby vernichtend schlug, sind unvergessen. Schon einige Male wurde auf Mästerbyänget zum Gedenken an die damals Gefallenen ein Reenactment der Schlacht veranstaltet.

Koordinaten: Mästerbyänget 57°27′50.78″18°17′18.17″

STIGEN

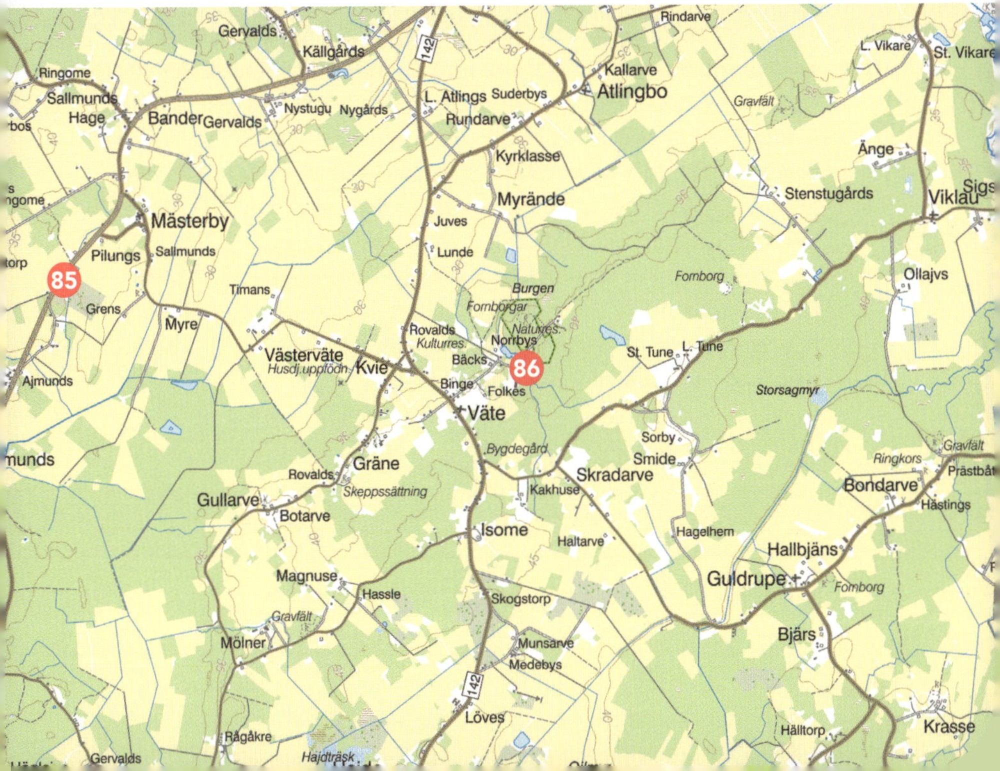
Gervalds
Källgårds
142
Rindarve
L. Vikare
St. Vikare
Kallarve
Atlingbo
L. Atlings
Suderbys
Rundarve
Ringome
Sallmunds
Hage
Bander
Gervalds
Nystugu
Nygårds
Gravfält
Kyrklasse
Änge
Myrände
Stenstugårds
Viklau
Mästerby
Juves
Lunde
Pilungs
Sallmunds
Ollajvs
85
Timans
Burgen
Fornborg
Fornborgar
Grens
Myre
Rovalds
Kulturres.
Naturres.
Norrbys
St. Tune
L. Tune
Västerväte
Husdj.uppfödn.
Kvie
Bäcks
86
Ajmunds
Binge
Folkes
Storsagmyr
Väte
Sorby
Bygdegård
Gravfält
Smide
Ringkors
Prästbå
munds
Rovalds
Gräne
Skradarve
Kakhuse
Bondarve
Skeppssättning
Hästings
Gullarve
Botarve
Isome
Hagelhem
Haltarve
Hallbjäns
Magnuse
Guldrupe
Hassle
Fornborg
Skogstorp
Gravfält
Mölner
Bjärs
Munsarve
Medebys
142
Löves
Hälltorp
Krasse
Rågåkre
Gervalds
Hajdträsk

86. NORRBYS KULTURRESERVAT

Auf dem Hof Norrbys in Väte scheint die Zeit in den 1940er-Jahren stehengeblieben zu sein. Der Hof mit Nebengebäuden, Scheune und Stall sieht noch genauso aus wie damals, als die Geschwister Martha, Edvin und Erik Johansson hier wohnten, Landwirtschaft betrieben, Tiere hielten und auch für den Eigenbedarf produzierten. Das Wohnhaus ist von 1936, als die Familie das alte Haus abgerissen hatte, um einen Neubau mit Elektrizität und Zentralheizung auszustatten. Möbel und Haushaltsgegenstände stammen aus den 1940er-Jahren.

Martha starb 1965 als letztes der Geschwister. Sie vermachte den Hof samt Inventar Gotlands Fornvänner. Heute wird der Museumshof von Gotlands Museum betrieben. 2002 wurde der Hof Gotlands erstes Kulturreservat.

Im Sommer kann man an Führungen durch das Haus teilnehmen und das Hofleben mit Hühnern, Schafen, Schweinen und Kaninchen erleben. Eine Wassermühle ist auch erhalten und wird jedes Jahr in Gang gesetzt, wenn das Wasser im angrenzenden Teich am höchsten steht. Dann sieht man das Mühlrad sich drehen und wie das Korn zu Mehl gemahlen wird. Das ganze Jahr ist der Natur- und Kulturpfad durch das beschauliche Gelände begehbar. Der Hof ist von viel Wald umgeben. Der tiefe, oft feuchte Boden begünstigt hochwachsende Föhren und Tannen. Edvin war sehr an Wald und Forst interessiert und pflanzte viele fremde Baumarten auf seinem Land. Dazu importierte er auch Saat aus Amerika. Noch heute entdeckt man hier aromatisch duftende Küsten-Tannen, Silbertannen, Zypressen und auf Gotland nicht natürlich vorkommende Buchen.

Koordinaten: Norrbys 57°27'12.87"18°22'20.23"

Tofta
Östergårde
Sallmunds
Bygdeg.
Hällingsmyr
Myren
Skämmingsbacke
Massänge
Rovalds
Fättings
Ramlemyr
Ansarve
Gravfält
Skeppssättning
Rovalds
N Gnisvärd
89
Unghanse
Övide
Gravfält
Bjärs
Strandkyrkan
90
Gravröse
Gnisvärd
Lingsarve
Fiskehamn
Ekeby
Kroks
Frändarve
Levide
140
Smågårde
Kvarne
Naturres.
Krokstäde
Bringsarve
Stenstrangar
Eskelhem
Tofta strand
Gravfält
Skola
Bygdeg.
Simonarve
Ullviar
Valdarve
Båticke
Gravfält
Liffedarve
Alvne
Sigvards
Sigvards
Rovide
Buters
Sigvards
Tofta södra
Valdarve
Boleks
Valde
Valve
Dornaring
Boleks
Rose
Sigvards
St. Mafrids
Sigvards
Bjästavs
Boterarve
Rovaldstomt
Fågeltorn
Naturreservat
L. Mafrids
Tipps
Paviken
Bjärgstorp
Bibosviken
Kronholmens gård
Bib
88
Fågeltorn
Bjästavs
Naturres.
Stelor
L. Mafrids
Gervalds
Golfbana
Kronholmen
88
Norrgårde
Lekarve
Tjautet
Lekarve
Västergarn
Tunstorpet
Norrgårde
Sandgårde
Runne
Gravfält
Bäck
Släkvik
Svältholmen
Lekarve
Bygdeg.
Skola
Utholmen
Naturreservat
Nystugu
Gravfält
Gravröse
Västerby
Smiss
Runne
Botvide
Koviken
87
Museum
Kovik
Stenhuse
L. Varbos
Korumpan
Smiss
L. Varbos
Hemmungs
Vivesholm
Sandboviken
Snäckan
Saghölmen
Varvsholm
Råveln
Fiskehamn
Valle
Gravfält
Klintehamn
Rannarve
Kalkugnskajen
141
Reningsv.
Klint
Sågverk
Robbjär
Hemb.gård
Värsände

87. KOVIKS FISCHERSTELLE

Fischerstelle und Fischereimuseum von Kovik liegen an einer naturschönen Sandbank, die sich ins Meer hinaus erstreckt. Im Volksmund heißt der Ort Korumpu, denn er gleicht dem Hinterteil einer Kuh. Eigentlich ist es die schmale, die Bucht schützende Sandbank, die so genannt wird, während die Bucht vor der Fischerstelle Koviken heißt. Die in der Umgebung weidenden Kühe unterstreichen jedenfalls beide Namen.

Früher war Kovik eine der vielen Fischerstellen, von wo die Bauern Küstenfischerei betrieben, um ihre Landwirtschaft zu ergänzen. Viele sehen heute anders aus als damals und es erschließt sich nicht mehr, wie sie früher genutzt wurden. Doch in Kovik hat man gut 20 Hütten, einige Boote und zahlreiche Gegenständen aus ganz Gotland vereint, um die alte gotländische Fischereikultur zu bewahren.

Initiatoren des Museums waren der Künstler Erik Olsson aus Sanda, der Landwirt Edvin Olsson aus Norrgårda und der Fischer Helmer Larsson. Die Fluntingebude aus Grötlingbo ist eine der ältesten Hütten, die hierher verlegt wurden, ein Holzbohlenhaus, erbaut mit einem Dach aus Steinfliesen, das weit über den Giebel und die niedrige Tür hinausragt.

Kovik besitzt auch eine Leuchtstange, eine Art Leuchtturm, um den Fischern in der Dunkelheit den Weg zu weisen. 1965 wurde hier eine kleine Steinkapelle zum Gedenken an die auf See ertrunkenen Fischer errichtet. Sie ist heute ein beliebter Ort für Trauungen.

Koordinaten: Kovik 57°24'29.29"18° 9'41.34"

88. VÄSTERGARN UND PAVIKEN

Paviken wird jedes Jahr von zahlreichen Vogelbeobachtern besucht, denn der flache Binnensee ist einer der vogelreichsten Gotlands. Hier gibt es u. a. Zwergtaucher, Rohrdommeln, Schnatterenten, Rohrweihen und Teichrallen. Offenes Gelände rund um den See lädt zu Wanderungen ein. Von zwei Vogeltürmen – einer am östlichen und einer am nordwestlichen Ufer – hat man eine gute Aussicht auf das Wasser und Schilfwiesen. Es kann ein wenig umständlich sein, dorthin zu finden, doch es gibt eine Einfahrt Richtung Valve und eine bei Mafrids.

Vor über 1000 Jahren war Paviken eine Bucht, die durch einen schmalen Sund mit dem Meer verbunden war. Die geschützte Lage machte den Platz zu einem günstigen Hafen für die Wikinger, die hier einen Handelsplatz gründeten, der vom 8. Jh. an mehrere hundert Jahre genutzt wurde. Archäologische Untersuchungen brachten Keramik und Werkzeug, das zum Schmieden, Metallgießen und zur Herstellung von Glasperlen verwendet wurde, zutage. Vermutlich hat es an diesem Platz eine Schiffswerft gegeben.

Etwas weiter südlich liegt Västergarns kilometerlanger, halbkreisförmiger Schutzwall, der an den von Birka erinnert. Hierher wurden Handel und Handwerk verlegt, als Paviken für die Boote zu flach geworden war. Innerhalb des Walls wurde 1250 Västergarns Kirche erbaut. Hier liegen auch das Fundament einer älteren Kirche und Überreste eines Kastals.

In der Umgebung leuchtet im April die lila blühende gotländische Lerchensporne. Sie kommt nur auf Gotland vor.

Kronholmen bietet heute einen Golfplatz mit fantastischer Aussicht auf das Meer. In Wikingerzeit und Mittelalter war das Gebiet eine Insel. Im ehemaligen Sund zwischen Kronholmen und Land fand man in den 1990er-Jahren eine Kogge aus dem 13. Jh.

Koordinaten: Paviken 57°26'58.15"18° 8'50.50"

89. GNISVÄRDS SCHIFFSSETZUNG

Im Wald an der Straße zu Gnisvärds Fischerstelle liegt Gotlands größte erhaltene Schiffssetzung, ein Grab, das wie ein Schiff geformt ist mit einer Reling aus aufgerichteten Steinen, einige davon in imponierender Größe. Schiffssetzungen wurden in der gesamten Bronzezeit, ca. 1100–500 v. Chr., errichtet.

In Gnisvärd gibt es drei Schiffssetzungen. Die größte steht in einer Waldlichtung an der Straße. Das Grab ist 45 m lang und 7 m breit. Im Waldinneren findet man zwei andere Schiffssetzungen, einen Steinhaufen aus der Bronzezeit und noch einige kleinere Gräber.

Das älteste der Gräber stammt aus der jüngeren Steinzeit, ca. 4000–1800 v. Chr., und liegt auf der anderen Seite der Straße. Es handelt sich um eine aus Steinblöcken erbaute Grabkammer (schwed. dös), die einzige ihrer Art, die auf Gotland entdeckt wurde, jedenfalls die einzige, von der man mit Sicherheit weiß.

Umso mehr Schiffssetzungen gibt es in der gotländischen Landschaft, 350 sind darin erhalten.

Die Toten wurden verbrannt, dann zerkleinerte und reinigte man die Gebeine, bevor sie in ein Gefäß gelegt wurden. Dieses konnte wie ein kleines Haus aussehen, es wurde innerhalb oder in der Nähe der Schiffssetzung in einen Steinsarg gelegt. Dem Toten konnten Gegenstände mit ins Grab gegeben sein, ein Rasiermesser oder eine Pinzette aus Bronze etwa. Man fand auch Reste von Tierknochen. Vielleicht wurden sie hier abgelegt, weil der Besitzer eine besondere Beziehung zu ihnen hatte oder als Wegzehrung für die letzte Reise.

Koordinaten: Gnisvärds Schiffssetzung 57°30'30.20"18° 8'25.17"

90. GNISVÄRDS FISCHERSTELLE

Gnisvärds Fischerstelle ist mit ihren pittoresken, dicht beieinander liegenden Fischerhütten im Sommer ein vielbesuchter Ort. Die meisten der etwa 40 Holz- und Steinhäuschen sind im 20. Jh. erbaut worden. An der Rückseite der Hütten liegen eingehegte Trockengärten für die Netze, sog. Gistgårder.

Die kleine Kapelle in der Nähe datiert aus dem 19. Jh. und ist ein beliebter Ort für Trauungen. Früher stand hier eine Holzkapelle aus dem 17. Jh.

Am Steinpier lässt sich gut angeln und am Sandstrand unmittelbar südlich der Fischerstelle baden. Der Strand ist die Verlängerung des Strandes von Tofta, meist aber ruhiger als dieser. Viele Kitsurfer suchen die schützende Lagune auf, die sich hier zwischen dem Strand und einem natürlichen Riff weiter draußen gebildet hat.

Einst war Gnisvärd ein lohnendes Fischerei-Revier Gotlands. Sowohl Bauern der Umgebung als auch aus dem Inneren der Insel kamen hierher, um Hering zu fangen. Vom 17. bis zum 19. Jh. gab es phasenweise große Mengen Fisch.

Das Gebiet rund um Gnisvärd war bereits seit der Wikingerzeit ein wichtiger Fischerei- und Handelsplatz. Dies belegen Funde von Glas, Bronze und arabischen Münzen. Überreste eines wikingerzeitlichen Hafens und Anlegebrücken sind nördlich der Fischerstelle entdeckt worden, doch sind keine oberirdischen Spuren mehr sichtbar.

Koordinaten: Gnisvärds Fischerstelle 57°30′11.91″18° 6′43.18″

91. FRIDHEM

In einer Bucht ca. 5 km südlich von Visby liegt Prinzessin Eugenies gelbe Sommervilla. Heute ist Fridhem Pensionat und Jugendherberge. Eugenie war die Tochter König Oskars I., und ihr Arzt hatte geraten, sie solle sich ihrer schwachen Gesundheit wegen in mildes und sauerstoffreiches Klima ans Meer begeben. Das Haus wurde in den 1860er-Jahren im Schweizer Stil mit dem Giebel als Hauptfassade und vielen geschnitzten Details errichtet.

Fridhem ist im Süden von den hohen Klippen Högklints und im Norden von einem Wasserfall umgeben. Auf dem Gelände gibt es einige ältere Gebäude und ein Sommercafé. Hier kann man den Kaffee in einem schönen Garten über dem Meer genießen. Von dem Plateau, auf dem die Villa liegt, führt ein Pfad hinunter zur Fischerstelle Buske.

Die Villa ist eingebettet in einen romantischen Park mit Waldwegen, Wasserfällen und Ruinen. Eugenie versammelte damalige bekannte Künstler und Musiker in ihrem Haus, denn sie war sehr an Kultur interessiert. Sie engagierte sich außerdem in der religiösen Erweckungsbewegung des 19. Jh. und machte Fridhem zu einem Zentrum humanitärer Hilfe. So kaufte sie angrenzendes Land, um dort ein Kinderheim, Fridtorp, zu errichten, das bis 1947 vielen Kindern ein Zuhause war.

Koordinaten: Fridhem 57°35′58.41″18°12′49.46″

92. HÖGKLINT

Die 48 m hohen Klippen von Högklint südlich von Visby sind schon von der Fähre aus deutlich zu sehen. Sie gehören zu den höchsten Klippen der Insel und fallen steil zu einem schmalen Steinstrand hin ab. Die Aussicht über die Ostsee und Visby ist unvergleichlich, ein meilenweit entfernter Horizont erstreckt sich von Westen nach Südwest. Bänke und einen Grill gibt es hier oben und einen zementierten Pfad mit Geländer.

Vom Kamm der Klippen führt eine steile Treppe zu einem Felsabsatz, Getsvältan: Früher geschah es, dass weidende Ziegen vom saftigen Gras auf dem Felsvorsprung angelockt wurden. Doch weil sie dann nicht zurückklettern konnten, verhungerten sie. Bei Getsvältan haben Wellen und Strömungen Höhlen in den Fels gegraben.

Högklint ist Naturreservat. Man kann die Klippenkante entlang einem Pfad nach Süden zur Fischerstelle Ygne folgen. Auf halber Wegstrecke ist der Steilhang eingestürzt, teils abgeglitten und bildet nun einen etwa 20 m hohen „falschen“ Rauk am Strand. Innen ist eine Klufthöhle entstanden, die nach dem Räuber Jonas Nilsson Lilja *Rövar Liljas Håla* genannt wird. Im 18. Jh. hat er sich hier nach seinen Raubzügen versteckt. Unterhalb der Höhle kann man am Strand nach Fossilien suchen. Der Pfad durch das Naturreservat ist schmal und teilweise steinig, doch er bietet wunderschöne Natur und überwältigende Aussicht. Von Högklint bis zur Fischerstelle Ygne sind es 3 km. Das Naturreservat ist auch über Ygnehållet erreichbar. Von dort kommt man zu Rövar Liljans Håla nach einer kurzen Wanderung am Strand. An der Küste sieht man oft Freizeitfischer, die auf flach liegenden Felsen weit draußen im Wasser stehen. An Högklints Stränden kann man baden, doch wenn die unter Wasser liegenden Felsen passiert sind, wird es schnell sehr tief und bei auflandigem Wind bilden sich starke Strömungen.

Koordinaten: Högklint 57°35′57.37″18°12′9.07″

Kopparsvik
Reningsv.
Lanna
Furulund
Visborgs kungsladugård
Södra hällarnas naturreservat
Skjutfält
Militär anl.
Haga
Gräbo
Pilhagen
93
Visborgs slätt
Nöjesanl.
Djuplunda
Terra
Museum
Axelsro
Vibble
Militärt övningsområde
91
92
Golfbana
Fridhem
Nygårds
Högklint
Natur-reservat
Motorb.
Langs hage
Slättflisha
Rövar Liljas håla
Grindtorpet
Stenstugu
Gåshagen
Kuse
Nunnesiken
Källtorp
Eklunda
Betongind.
Ygne
Skola
Sigrajvs
Lillklint
Hunnelund
Botmunds
Tjängdarv
Korpklint
Hallvards
Bjärs
Stenstugu
Karlslund
Lunds
Hallbrosslott
Fornborg
Golfbana
Västerhejde
Sikhagen
Myrhage
140
Hanskmyr
Allhagemyr
Suderbys
Bildsten
Burs
Allhageviken
Allhage
Kluvstajns skog
Sion
Klintskogen
Kalkugnshagen
Modellflygfält
Martille
Bildsten
Forse
Tjautgrind
Skoghem
Ingvards
Bruten
142

93. SÖDRA HÄLLARNA

Von der Klippe südlich der Hafeneinfahrt Visbys hat man einen fantastischen Panoramablick über die Küste nördlich von Visby, die Stadt, das Meer und im Süden bis nach Högklint. Westlich der Straße nach Tofta vom Färjeleden bis nach Kneippbyn gleicht das Gebiet einer Musterkarte gotländischer Natur: Felsmark, Klippen, Höhlen, Wälder, lichte Kieferngehölze und Steinstrände.

Früher militärischer Übungsplatz, ist Södra Hällarna nun kommunales Naturreservat – Kungsladugårdshällarna. Parkplätze und Gebietsinformationen findet man an der Nord-, Ost- und Südseite des Reservats. Auf der Klippe verlaufen kleine Wege, auf denen man sich auch mit Fahrrad oder Rollstuhl bewegen kann. Es sind Bänke aufgestellt und es gibt an einigen Stellen Grillplätze. Drei Treppen führen vom Plateau hinunter zu Felsvorsprüngen und zum Strand. Ein Naturpfad leitet durch das Gelände. Bei Kungsladugården gelangt man in feuchten Laubwald. Weiter südlich an der Straße nach Tofta sind kleine Kiefernwäldchen verstreut, zur Felskante hin breitet sich offene Felsmark aus. Hier gedeihen Mehlbeere, Schwarze Zwergmispel, Echter Wundklee, Kugelblume, Tauben-Skabiose, Wimper-Perlgras und Nadelröschen. Die offene Landschaft und die reiche Flora begünstigen ein vielfältiges Insektenleben. Schmetterlinge wie der Quendel-Ameisenbläuling oder das Widderchen flattern über die warmen Felsen. Bekannt ist das Gebiet für das reiche Vorkommen unterschiedlicher Bienenarten. Die militärischen Übungen haben Södra Hällarna offen gehalten, die Böden durchpflügt und Sandhaufen hinterlassen, in denen Bienen ihre Behausungen bauten. Um ihnen eine Überlebenschance zu geben, wurde ein „Bienen-Park" angelegt.

Im nördlichen Teil weiden im Sommer Schafe. Im Süden schmiegt sich ein richtiger Zauberwald an den Fuß der Felsklippe, dessen Bäume und Wege von Efeu umrankt sind.

Koordinaten: Södra Hällarna 57°37'4.17"18°16'9.25"

94. GALGBERGET UND KÄRLEKSSTIGEN

Steht man an der Felskante des Galgenberges, blickt hinaus auf das Meer und nach Süden zur Welterbe-Stadt Visby, erscheinen einem das Erhängen und Enthaupten ganz weit abgelegen. Doch noch bis ins 19. Jh. hinein fand der Galgen Verwendung. Die letzte Hinrichtung auf Galgberget fand vermutlich im Jahr 1845 statt, als der Hutmacher Anders Johan Hasselberg hier geköpft wurde, weil er einen Kachelofenmacher ermordet hatte.

An Holzbalken zwischen drei Kalksteinpfeilern erhängte man die zum Tode Verurteilten. Im Mittelalter wuchsen keine Bäume in diesem Gebiet und die Umgebung war bis nach Visby offen. So konnte man die Körper am Galgen von weitem als warnende Beispiele sehen. Im Rahmen archäologischer Untersuchungen des Ortes Anfang der 2000er-Jahre fand man zwei enthauptete Männer hier begraben und Skelettreste von 30 bis 50 anderen Personen.

Vom Mittelalter bis ins frühe 20. Jh. wurde hier Kalkstein gewonnen. Das karge Gebiet ist vielerorts von kleinen Steinbrüchen durchzogen. Heute ist es Naturreservat. Anfang des 20. Jh. sind umfangreiche Pflanzungen vorgenommen worden und so kommen auf dem Berg selbst und unterhalb des Felsens viele Kulturgewächse vor. Auf dem Plateau wachsen u. a. Goldregen, Silbertanne, Kirsche und Griechische Mehlbeere. Am Fuß des Berges gibt es ein schattiges Laubwaldgebiet mit einem Naturpfad: Kärleksstigen, beschildert als Hälsans Stig, eine Jogging- und Spazierstrecke mit von Efeu umrankten Bäumen und Goldregen. Im Frühling duften hier der begehrte Bärlauch und viele Blumen: Buschwindröschen, Leberblümchen, Echte Schlüsselblume und Maiglöckchen. Der Pfad beginnt nördlich des Krankenhauses und führt nach Gustavsvik. Südlich des Kärlekstigs trifft man auf die Ruine der Sankt Görans Kirche, die im Mittelalter ein Hospital für Leprakranke war.

Koordinaten: Galgberget 57°39′0.47″18°18′29.90″
Kärleksstigen 57°39′5.34″18°18′22.22″

95. STORA HÄSTNÄS

Eines der am besten erhaltenen mittelalterlichen Steinhäuser außerhalb Visbys ist Stora Hästnäs aus dem 14. Jh. Das dreigeschossige, im Privatbesitz befindliche Haus liegt östlich des Visbyer Flugplatzes. Das mittlere Geschoss ist vollständig erhalten. Stora Hästnäs ist eines der letzten mittelalterlichen Wohnhäuser der ländlichen Region Gotlands aus Stein.

Die beiden unteren Stockwerke sind Wohnung gewesen. Im Erdgeschoss mit Kreuzgewölbe befindet sich ein offener Herd. Im Stockwerk darüber gibt es einen Raum mit drei schönen Fensteröffnungen, der vermutlich als Saal genutzt wurde. Das oberste Geschoss diente als Lager mit Tonnengewölbe und Ladeluke in der Fassade für das Be- und Entladen. Das Haus hat auch einen Keller. Zwei niedrigere Gebäude haben Stora Hästnäs früher flankiert, sind inzwischen aber abgerissen worden. Im linken befand sich eine Küche und das rechte war vermutlich Gästehaus oder Schlafloft.

Viele gotländische Bauern beteiligten sich in Wikingerzeit und älterem Mittelalter am internationalen Handel. Das bescherte ihnen Reichtum und die Möglichkeit, großartige Steinhäuser zu errichten. Sie dienten als Wohnung, aber in erster Linie sollten sie ein sicheres Lager für kostbare Waren sein, so wie die Packhäuser in Visby. Stora Hästnäs ist heute Baudenkmal.

Koordinaten: Stora Hästnäs 57°39′32.81″18°21′43.87″

Brusviken
Roklunds
Vis
St. Bläsnungs
Bygdeg.
L. Mickelgårds
Kronviken
Kaungs
Dalaskog
Skäggs
Skola
Själsö
Naturreservat
98
Fiskehamn
Strandviken
Fredrikslund
Peningsv.
Marielund
Väskinde
Knutstorp
Gravfält
Stridhemshagen
Brucebo
Naturreservat
Skansudd
97
Stajnkrogen
St. Bläsnungs
Fornborg
Muramaris
149
L. Bläsnungs
Gravfält
Björkome
Björkome
97
Knuts
Gravrösen
Kolens kvarn
Gällungs
Fornborgar
Bollhage
Golfbana
Golfbana
Snäckgårdsbaden
Lugnet
96
L. Hästnäs
Ojkarve
Björkome
Motorbana
Naturres.
Stenkalm
Dacker
Gustavsvik
Visby flygplats
95
St. Hästnäs
Halner
Dacker
Talludden
St. Hammars
Tuer
Tors
Annelund
Ekes
Kroks
Motorbana
Golfbana
Nyplings
Laubäckar
Norderstrand
Naturres.
Motorb.
94
Galgberget
Museum
Motorb.
Bergtäkt
Sjukhus
Katrinelund
148
Skogsholm
Trafikövn.pl.
Hammarbo
Botanisk trädgård
Visby ringmur
Visby
Motorbana
Avfallsanl.
Nybo
Skola
Östramalm
147
Motorbana
Sjukhus
Bingeby
Lundby
Lotsstn
Östersby
Stenindustri
Tjautet
Hejdeby

96. SANDKULL-ANNAS STUGA

Bei Stora Hästnäs nördlich von Visby liegt die letzte bewohnte Arme-Leute-Kate Gotlands. Die Witwe Anna Johansson wohnte hier bis 1978. Auf zehn Quadratmetern fand sich Platz für die notwendigsten Möbel, einen offenen Herd und einen kleinen Backofen. Doch die Kate hatte weder Wasser noch Strom. Anfang des 20. Jh. teilte Anna die Kate mit ihrem Bruder, ihren Eltern und zwei Großeltern, pro Person weniger als zwei Quadratmeter.

Anna versorgte sich durch den Verkauf von Kräutern, die sie im Gärtchen hinter der Kate anbaute. Nicht nur diese Familie lebte im 19./20. Jh. auf Gotland so. Wer auf dem Lande kein eigenes Land besaß, musste meist unter sehr schwierigen Verhältnissen leben und arbeiten, mancher verrichtete Tagewerke bei den Bauern. Es waren arme Siedler oder Landlose, deren ältere Geschwister den elterlichen Hof geerbt hatten.

Die Kate ist ein Holzhäuschen, das gekalkt wurde, damit es wie ein Steinhaus aussieht. Nur wenig ist von ihm erhalten, verwaltet vom Väskinde Heimatverein. Heute ist es Baudenkmal und zu finden, wenn man von Väskindehållet in die Straße nach Gällungs einbiegt.

Koordinaten: Sandkull-Annas stuga 57°40'0.13"18°23'22.75"

97. BRUCEBO UND MURAMARIS

Nur 5 km nördlich von Visby liegen zwei sehr bekannte Künstlerhäuser: Brucebo und Muramaris. Mitten in einem heutigen Naturreservat bauten Carolina Benedicks-Bruce und ihr kanadischer Ehemann William Blair Bruce um 1900 ihr Heim mit Atelier im reich ornamentierten nationalromantischen Stil. Das Paar schuf Gemälde und Skulpturen, von denen es viele noch immer in Brucebo gibt. Carolina starb 1935. Sie vermachte das Haus mit Inventar aus der ganzen Welt, den größten Teil der Kunstwerke und ihr Vermögen Brucebostiftelsen. Heute betreibt die Stiftung das Haus als Museum.

Das Naturreservat Brucebo bietet alle Naturtypen Gotlands: Steilklippen mit Wald, Felsgründe mit Kiefern, ein Quellmoor mit Bach und eine Strandwiese mit Kiefernwald.

Oben auf der Klippe erstreckt sich ein niedriges Kieferngehölz. Von hier oben führt ein Naturpfad hinunter über vier Absätze, die die verschiedenen Meeresniveaus nach der Eiszeit markieren. Das Meer hat Höhlen und Überhänge in der Felswand – u. a. die 8 m tiefe Brucebohöhle – und Strandwälle geformt. Unterhalb der Klippe ist der Boden feuchter und die Vegetation üppiger. Tanne und Kiefer gedeihen hier neben Eberesche, Schwedischer Mehlbeere, Buche und Ahorn.

Auf dem Felsplateau südlich Brucebos liegt die italienisch inspirierte Villa Muramaris. Das Ehepaar Ellen Roosval von Hallwyl und Jonny Roosval hat sie 1915 errichtet. Sie war Bildhauerin, Malerin und Musikerin, er Professor der Kunstgeschichte. Das Paar ließ einen wunderschönen Garten mit Aussicht auf das Meer um die Villa anlegen und platzierte darin Skulpturen, Brunnen, eine Loggia und einen Rosengarten. Es gab auch einen Tennis- und einen Golfplatz. Muramaris ist Privatbesitz. 2013 ist die Villa durch einen Brand nahezu zerstört worden, sie ist heute teilweise wieder aufgebaut.

Koordinaten: Brucebo 57°41′16.34″18°21′11.82″

98. SJÄLSÖ FISCHERSTELLE

Självsös Fischerstelle umfasst einen Hafen und zwölf Fischerhütten. Die ältesten sind aus Kalkstein, die neueren aus Holz. Vier der Hütten stammen vom Beginn des 19. Jh., vielleicht sind sie sogar noch älter.

Das Gebiet, in dem heute der Hafen liegt, war früher eine Insel. Im Osten wurde diese vom Fluss Själsö begrenzt, im Westen vom Meer. Nach Norden erstreckte sich die Insel bis zur nahegelegenen Kronviken. Ihren Namen hat sie vermutlich von den Robben (schwed. säl), die sich in Kronviken aufhielten.

Seit dem 17. Jh. ist gefischt worden, und bis ins 19. Jh. haben Bauern, die Fischfang als Nebenerwerb betrieben, die Fischerstelle genutzt. Am Ende des 19. Jh. etablierten sich auch Berufsfischer in Själsö. Ihre Zahl nahm noch am Anfang des 20. Jh. zu, da es reichlich Fisch gab und gute Möglichkeiten, von der Fischerei zu leben.

Das Künstlerpaar Carolina Benedicks-Bruce und William Blair Bruce erwarb Anfang des 20. Jh. ein Grundstück in Själsö, um ihr Haus Brucebo dort zu errichten. Själsö Holme mit der Fischerstelle ging in den Kauf mit ein. Carolina „verkaufte“ die Fischerstelle, indem sie mit den Fischern einen Tauschhandel schloss: Jeder Fischer lieferte jährlich 2 Val Hering (etwa 8 kg oder 160 Stück) an Brucebo.

Mit Carolinas Tod endete diese Übereinkunft und 1937 kaufte Själös Fiskarförening die Fischerstelle vom Brucebo Stipendiefond. Heute wird sie nur von Freizeitfischern betrieben.

Koordinaten: Själsö Fischerstelle 57°41′34.25″18°21′8.68″

99. BRO STAINKALM

Einige Kilometer südwestlich der Kirche von Bro findet man einen riesigen Steinhaufen aus der Bronzezeit (1800–500 v. Chr.): Bro Stainkalm. In diesem Gebiet gibt es ungewöhnlich viele weitere bronzezeitliche Überreste. Stainkalm ist heute 4 m hoch und hat einen Durchmesser von 38 m, früher war dieser Steinhaufen noch größer. Mit den Jahren sind viele Steine weggenommen und für Bauten in der Umgebung verwendet worden.

Der Sage nach sollen Trolle im Steinhaufen gewohnt haben. Sie besaßen eine sehr begehrte Trinkschale aus Gold, einen großen Goldkelch. Einem Priester, der ihn für seine Kirche haben wollte, gelang es mit List, den Trollen den Kelch abzunehmen.

Steinhaufen der Bronzezeit waren meist Grabstätten für mehrere Tote. In ihnen verbergen sich oft gemauerte oder gestapelte Türme und ein oder mehrere Särge aus Kalksteinfelsen.

Auf der anderen Straßenseite, Bro Stainkalm direkt gegenüber, fallen zwei aufgerichtete Steine auf, die dem Volksmund nach einmal zwei Ochsen gewesen waren. Ein reicher Bauer sei mit ihnen unterwegs gewesen, um sie der Kirche zu schenken, damit sein erblindetes Kind wieder sehend würde. Bereits auf dem Weg dorthin erhielt es sein Augenlicht zurück, der Bauer machte kehrt, um mit den Ochsen zurückzugehen. Da wurden sie in Steine verwandelt.

Einige Kilometer nordöstlich der Kirche stehen zwei Bildsteine, auch um diese sog. Stainkällingar (Steinfrauen) rankt sich eine Sage: Auf dem Weg zur Kirche seien eines Sonntags zwei Frauen in Streit geraten und deshalb in Steine verwandelt worden. Die Steine stehen dort, wo sie im 8. Jh. n. Chr. errichtet wurden, die Bilder darauf sind nicht mehr erkennbar.

Koordinaten: Bro Stainkalm 57°39'44.30"18°26'45.84"

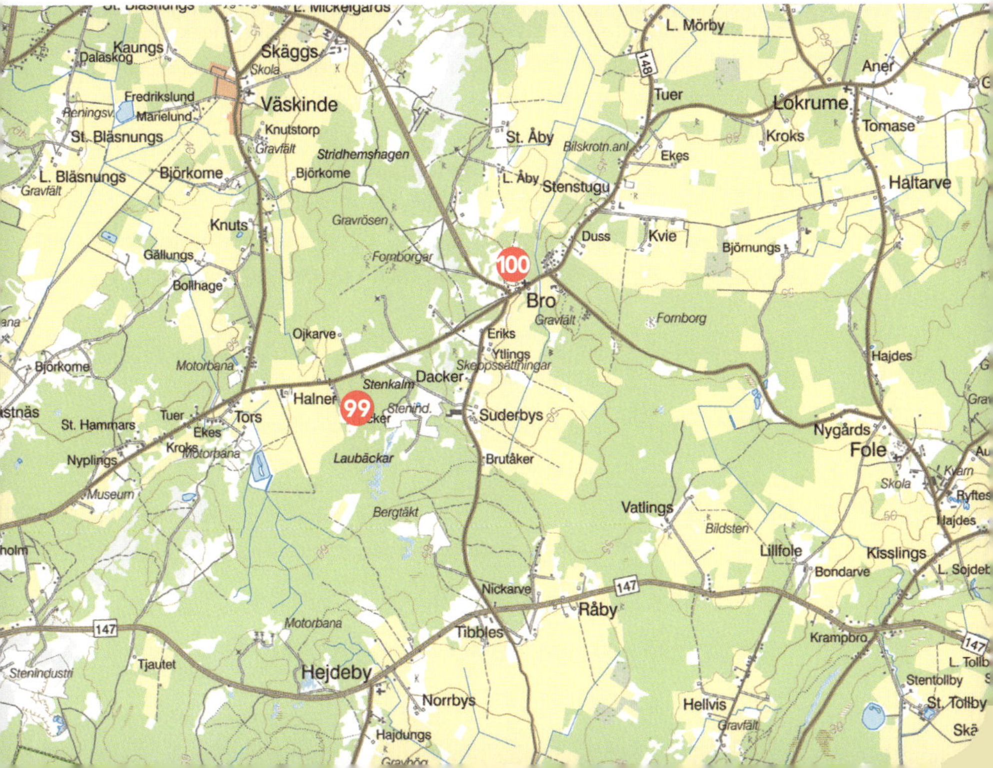
St. Bläsnungs
L. Mickelgårds
L. Mörby
Kaungs
Dalaskog
Skäggs
Skola
148
Aner
Tuer
Lokrume
Fredrikslund
Väskinde
Peningsv
Marielund
Knutstorp
St. Åby
Bilskrotn.anl
Ekes
Kroks
Tomase
St. Bläsnungs
Gravfält
Stridhemshagen
L. Bläsnungs
Gravfält
Björkome
Björkome
L. Åby
Stenstugu
Haltarve
Knuts
Gravrösen
Duss
Kvie
Björnungs
Gällungs
Fornborgar
100
Bollhage
Bro
Gravfält
Fornborg
Ojkarve
Eriks
Ytlings
Hajdes
Björkome
Motorbana
Skeppssättningar
Dacker
Stenkalm
Halner
99
Stenind.
Suderbys
Nygårds
St. Hammars
Tuer
Tors
Ekes
Kroks
Motorbana
Fole
Nyplings
Laubäckar
Bruttåker
Skola
Museum
Vatlings
Ryftes
Bergtäkt
Hajdes
Bildsten
Lillfole
Kisslings
Bondarve
L. Sojdeb
147
Nickarve
Råby
147
Motorbana
Tibbles
Krampbro
147
Stenindustri
Tjautet
L. Tollb
Hejdeby
Norrbys
Stentollby
Hellvis
St. Tollby
Gravfält
Hajdungs

100. KIRCHE VON BRO

Dir Kirche von Bro soll am Ort einer Opferquelle errichtet worden sein. Östlich der Kirche gibt es noch zwei Quellen, die eine nur einige hundert Meter entfernt. Eine Opferquelle war ein Kultplatz, an dem Münzen und andere Gegenstände geopfert wurden. Ihrem Wasser wurde eine heilende Kraft zugesprochen. Schon im Mittelalter gab es einen Pilgerpfad zur Kirche von Bro.

Die ursprüngliche Steinkirche wurde am Ende des 12.Jh. oder um 1200 geschaffen. Von dieser ersten Kirche ist nur noch der Turm erhalten, aber auch mit Tieren und Symbolen verzierte Steine, die in die südliche Wand des heutigen Langhauses eingemauert sind.

Es gibt eine separate Gebet-Kammer mit einer kleinen Fensterluke, durch die man auf den Altar der Kirche blickt. Sie war für jene gedacht, die aus irgendeinem Grund nicht gemeinsam mit der Gemeinde am Gottesdienst teilnehmen konnten.

Bros Kirche besitzt Interieur des 17. und 18. Jh., das zu den besterhaltenen auf Gotland gehört. Durch Luken im Boden des Langhauses und des Turms kann man den mittelalterlichen Holzfußboden sehen.

Ein Bildstein aus dem 5. Jh. n. Chr. mit Motiven verschiedener Wirbelräder, die vielleicht Sonnensymbole darstellen, sowie einem Boot und Riemen ist in die Fassade eingebettet.

Südlich der Kirche steht ein Hofportal mit Treppengiebel, durch das man vermutlich zum mittelalterlichen Pfarrhof gelangte.

Koordinaten: Kirche von Bro 57°40'11.00"18°28'27.24"

Bredsandsudden
Gotska Sandön
Bredsand
Fyrplatsen
101
Gumskullen
Stora Beckrevet
Beckrevskullen
Las Palmas
Gotska Sandöns kapell
St. Idemoren
Tomtebo
Säludden
Sälskyddsområde
Källahamn
Ryssmoren
L. Idemoren
Amagrop
Höga åsen
Schipkapasset
Gotska Sandön
Nationalpark
Fiskmåsheden
Kyrkudden
Sandkrogen
Höga revarn
Franska bukten
Ryska kyrkogården
Biskopsbacken
Gamla gården
Varvsbukten
Ödekyrkogård
Tärnudden
Hamnudden
Hjälptelefon
Sankt Anna
Höga land
Vinbukten
Sankt Anna-udd

101. GOTSKA SANDÖN

Mitten in der Ostsee, einige Stunden mit dem Boot von Fårösund oder Nynäshamn entfernt, befindet sich der Nationalpark Gotska Sandön. Die Ruhe hier ist unvergleichlich. Die Insel zu umrunden, bedeutet eine Wanderung von ca. 30 km entlang unberührter Strände.

Gotska Sandön besteht aus Sand, die Strände werden vom Meer ständig neu geformt. Bredsandsudde im Nordwesten z. B. kann Charakter und Größe abhängig von Wind und Strömungen völlig verändern. Die inneren Teile Gotska Sandöns sind mit Kiefernwald bedeckt, aber es gibt auch Gebiete mit Laubwald. Die Sanddünen am Strand sind mit verschiedenen Gräsern und anderen salzunempfindlichen Pflanzen bewachsen.

Unmittelbar vor Bredsandsudde liegen Fyrbyn und ein Lagerplatz. Hier kann man in Holzhäuschen, Schutzhütten und Zelten übernachten. Besucher müssen alle Dinge, die sie für den Aufenthalt benötigen, selbst mitbringen, denn es gibt weder Geschäfte noch Restaurants.

Entlang der Pfade und Strände kann man sich zu verschiedenen Orten begeben, etwa nach Säludden, wo es ein Versteck gibt, von dem aus man Kegelrobben aus der Nähe beobachten kann. Der Alte Hof weiter südwestlich bietet Hofmilieu des 19. Jh. Auf Gotska Sandön haben kaum mehr als 100 Bewohner gelebt, meist Leuchtturmpersonal mit Familien. In Fyrbyn gibt es noch ein altes Schulgebäude, das heute Naturum und Heimatmuseum ist.

Gotska Sandön hat keinen Hafen, so dass man nur bei gutem Wetter anlanden kann.

VON DER FRÜHGESCHICHTE ZUR GEGENWART

Durch Jahrtausende war Gotland ein Ort der Begegnung für Menschen aus Nah und Fern. Sie hinterließen ihre Spuren in Landschaft, Brauchtum und Arbeitsweisen. Um das heutige Gotland zu verstehen, müssen wir wissen, was vor langer Zeit geschah.

Nachdem das Inlandeis über Skandinavien geschmolzen war, begannen sich die zuvor vom Eis niedergedrückten Landmassen zu heben. Ganz Gotland hatte unter der Wasseroberfläche gelegen. Doch in der älteren Steinzeit, vor etwa 10 000 Jahren, gab es die Anfänge eines Schärengartens im Norden. Tiefe Buchten waren in das Land eingeschnitten und der gesamte südliche Teil war eine eigene Insel. Laub- und Nadelwälder, steinige Gelände, Moore und Flüsse bedeckten Gotland. Das Steinzeitklima war warm und feucht mit milden Wintern und guter Nahrungsversorgung.

Die ersten Menschen Gotlands ernährten sich von der Jagd, der Fischerei und dem Sammeln essbarer Pflanzen. Sie wechselten von Ort zu Ort, je nach Jahreszeit und Zugang zu Lebensmitteln. Spuren solcher frühen Siedlungsplätze finden sich bei Strå in Bunge, Gisslause in Lärbro und Svalings in Gothem. Das älteste auf Gotland entdeckte Grab stammt von dem sogenannten Bjersmann. Zwischen 40 und 50 Jahre alt geworden, wurde er bei Stora Bjers in Stenkyrka vor etwa 9200 Jahren begraben. Heute ist sein Skelett in Gotlands Museum zu betrachten, auch die Todesursa-

Das Igelmädchen und seine Grabbeigaben.

che ist zu erkennen: ein Pfeilschuss in den Bauch.

Vor ca. 6000 Jahren begannen die Menschen Land zu bestellen und Haustiere zu halten. Doch sollte es noch einige tausend Jahre dauern, bevor die Gotländer zu einer Landwirtschaft treibenden Gesellschaft wurden. Jagd, Fischerei und das Sammeln von Pflanzen waren weiterhin wichtige Versorgungszweige. In Phasen guter Jagdausbeute hat man offenbar auf den zeitintensiven Ackerbau verzichtet.

Der größte auf Gotland entdeckte frühgeschichtliche Ort liegt auf einer Landzunge bei Ajvide in Eksta und ist auf die jüngere Steinzeit, ca. 3300–2400 v. Chr., zu datieren. Hier lebte man besonders von der Seehundjagd, hielt aber auch – vielleicht halbzahme – Wildschweine. Auch Stora Karlsö wurde als Jagdgebiet genutzt. In der Höhle Stora Förvar auf Stora Karlsö fand man Spuren von Menschen und Seehunden. Die Ajvidebewohner waren nicht die ersten, die auf Stora Karlsö jagten. Die ältesten menschlichen Überreste der Höhle sind über 9000 Jahre alt.

Bei Ajvide hat man auch einige Gräber entdeckt. So fand man das Skelett einer zierlichen Frau, 20 bis 29 Jahre alt, fortan „Igelmädchen“ genannt. Sie lebte in diesem Gebiet etwa um 2800 v. Chr. Dem Grab waren Angelhaken, Perlen und eine kleine Axt beigegeben, um den Hals trug das Mädchen einen Lederbeutel mit fünf Igelkiefern. Vielleicht glaubte man an magische Kräfte des Igels und die Kiefer und Tierknochen waren so etwas wie Amulette. Die Überreste des Igelmädchens und die Grabbeigaben sind heute in Gotlands Museum verwahrt.

In der Bronzezeit, ca. 1800–500 v. Chr., veränderte sich die Lebensweise. Die Menschen wurden bodenständiger und größere Flächen weiter im Inselinneren wurden bebaut. Jagd und Fischfang als hauptsächliche Ernährungszweige traten zurück, Viehzucht und Ackerbau wurden wichtiger.

Große Steinhaufen, Rojr, sind Gräber aus dieser Zeit. Unter den gewaltigen Steinmassen verbergen sich oft geschichtete Mauern, Türme und Behältnisse aus Kalksteinblöcken. Zu den bekanntesten gotländischen Rojr gehören Digerojr in Alskog, Uggaderojr in Rone und Bro Stainkalm. Steinhaufengräber wurden an gut sichtbaren Plätzen errichtet, auf Anhöhen und entlang der Küsten und Wasserwege. Dank der Landhebung liegen viele jetzt weiter im Inneren der Insel als noch zur Zeit ihrer Errichtung.

In der jüngeren Bronzezeit, ca. 1100–500 v. Chr., wurden die Toten verbrannt und in schiffsähnlichen Gräbern bestattet. Große Steine formten die Reling des Bootskörpers. 350 dieser Schiffssetzungen gibt es noch auf Gotland. Einige sind beeindruckend groß, wie die 45 Meter lange Schiffssetzung bei Gnisvärd.

Die Gesellschaft der Bronzezeit war offenbar hierarchischer als zuvor. Die Bronze, das neue goldglänzende, kostbare Metall, wurde importiert und war nicht allen zugänglich. Auch die großen, monumentalen Gräber deuten auf eine soziale Schichtung der Gesellschaft hin.

Einige bedeutende Funde von Gegenständen, die in der Erde deponiert waren, verzeichnete man unter anderem in Väte und Fardhem. Neben vielem andern enthielten sie

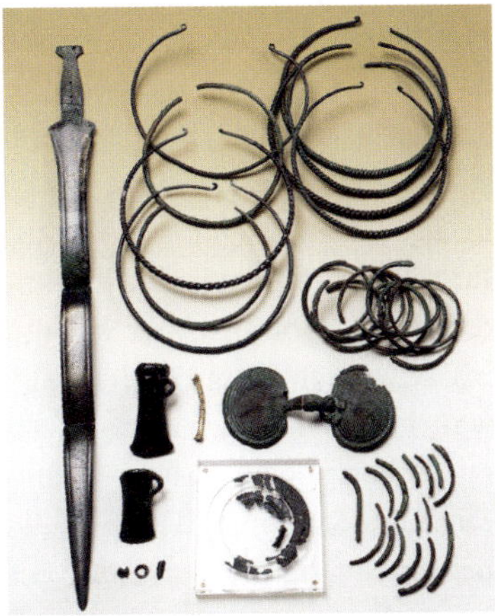

Depotfund mit Bronzegegenständen aus Smide in Väte, jüngere Bronzezeit, ca. 1100–500 v. Chr.

Fibeln, Äxte, Halsringe und Ohrschmuck. Da man sie an Orten fand, die zur Bronzezeit Seen oder Sümpfe waren, glaubt man, es seien Opfergaben für die Götter gewesen.

Kälteres Klima

Während der Eisenzeit, seit ca. 500 v. Chr., kühlte sich das Klima ab und veränderte auch die Bauweise auf der Insel. Häuser baute man nun auf trocken gemauertem Steinfundament. Das Dach, gedeckt mit Torf oder Schilf, wurde von Pfosten getragen. In der Mitte des Hauses auf dem Boden gab es eine Feuerstelle. Die eine Hälfte des Hauses war für die Tiere, in der anderen lebten die Menschen. Die Häuser konnten sehr groß sein, bis zu 60 m lang und mit 1,5 m breiten Grundmauern. Ums Haus herum lagen Wiesen und kleine Äcker, auf denen man Gerste, Dinkel und Roggen anbaute. Wiesen und Äcker waren umhegt. Das Vieh trieb man zum Weiden entlang eingefasster Wege in den Wald.

Spuren dieser Höfe und Dörfer sind noch heute deutlich sichtbar. Rund 1800 Hausfundamente, oft mit dazugehörigen Einfriedungen und Ackerresten, sind bewahrt. Die Fundamente solcher Höfe nennt man Kämpagravar, also Gräber für Riesen, während die Einfriedungen Stenvastar heißen.

Jetzt wurden auch die für Gotland so charakteristischen Laubwiesen geschaffen. Wegen des kälteren Klimas hielt man die Tiere in Ställen und benötigte Winterfutter für sie, die sonst das ganze Jahr über draußen weiden konnten. Um Vegetation, die man ernten und zu Heu trocknen konnte, zu befördern, rodete man Laubwälder. Auch Laub und Reisig wurden als Winterfutter aufbewahrt. In der warmen Jahreszeit weideten die Tiere auf Freiland, eingehegten Wiesen und nach der Mahd auch auf den Laubwiesen. Den Stallmist, der für den Ackerbau an Bedeutung gewann, bewahrte man bis zum Ende des Winters auf.

Ein Siedlungsplatz aus dieser Zeit ist Vallhagar. Er ist größtenteils archäologisch untersucht und einige der vielen Funde sind in Gotlands Museum zu sehen. Andere Orte, die gut sichtbar Reste der eisenzeitlichen Bebauung und Landschaft aufweisen, sind Fjäle in Ala und Stavars in Burs. Im 6. Jh. n. Chr. wurden viele Höfe aufgegeben. Lange haben Forscher über die Gründe spekuliert: Gab es Unruhezeiten, Krankheiten und Epidemien oder etwas anderes? Spätere Forschung hat gezeigt, dass Vulkanausbrüche auf der nördlichen und südlichen Halbkugel im Jahr 536 bzw. 540 großen Einfluss auf das Klima und das Dasein der Menschen gehabt haben dürften. Vermutlich waren sie gezwungen, ihre Lebensformen radikal zu verändern, viele können aufgrund von Missernten und Hunger gestorben sein. Das Klima jedenfalls kühlte sich deutlich ab. Sicherlich wurden auch das Weltbild und die religiösen Vorstellungen der Menschen von diesen großen Veränderungen beeinflusst. Jetzt nämlich tauchten die ersten Gegenstände und Symbole auf, die mit dem Gott der Asen, Odin, verknüpft sind.

Die Höfe waren nun bedeutend kleiner mit separaten Häusern für Menschen, Tiere und unterschiedliche Tätigkeiten wie Schmiede, Scheune und Brauhaus. Sie waren aus Holz und wurden allmählich zu Blockhäusern mit einem speziellen Fachwerk aus liegenden Balken oder Bohlen entwickelt. Die Bohlen wurden in Eckpfosten gesetzt, die in der Erde verankert waren.

Verschiedenen Grabformen

In der Eisenzeit wurden die Gräber auf Gräberfeldern angelegt. In der älteren Eisenzeit (500 v. Chr. – 550 n. Chr.) nutzen größere Gebiete offenbar dasselbe Gräberfeld, während in der jüngeren Eisenzeit (550–1050 n. Chr.) jeder Hof oder jedes Dorf sein eigenes Gräberfeld besaß. Es gibt allerdings einige Gräberfelder, die während der gesamten Eisenzeit mehr oder weniger kontinuierlich genutzt wurden. Auch die Grabformen variierten. Lilla Bjärs in Stenkyrka repräsentiert ein Gräberfeld der älteren Eisenzeit mit flachen runden Steinhaufen und Steinsetzungen in vielen Formen. Die Gräber konnten in der Mitte eine Steinkammer haben und mit Grabkugeln aus Stein geschmückt sein. Die Bestatteten

Bildstein von Stora Hammars in Lärbro, jetzt Bungemuseum, datiert auf den Übergang von der Wendelzeit zur Wikingerzeit, 8.–9. Jh.

waren zumeist mit persönlichen Dingen und Grabbeigaben kremiert worden.

Die Gräber der jüngeren Eisenzeit waren oft rund, den Steinhaufengräbern ähnlich, und in der Wikingerzeit wurde die Skelettbestattung immer gewöhnlicher. Beispiele für solche Gräber finden sich unter anderem bei Trullhalsar in Anga.

Aus archäologischer Sicht sind frühgeschichtliche Gräber eine wichtige Erkenntnisquelle. Die Toten wurden mit ihrer Kleidung, persönlicher Ausstattung wie Fibeln, Perlen, Armschmuck, Gürtel, Messer, Schlüssel, Schwerter, Lanzen und Äxten begraben. Indem man zum Beispiel die Platzierung der Fibeln untersucht, lässt sich die wikingerzeitliche Kleidung rekonstruieren. Manchmal wurden den Toten Krüge mit Essen und Trinken beigegeben.

Auch die Knochen erzählen viel über die Lebensbedingungen der Menschen. Osteologen können Alter, Geschlecht, Erkrankungen, Verschleiß und Schäden am Skelett beurteilen. DNA-Technik wird angewandt, um Verwandtschaft und Herkunft zu ermitteln.

Bildsteine als Wegweiser

Einzigartig sind die Bildsteine, die in der sogenannten römischen Eisenzeit entstanden: Kalksteinscheiben, die in eine spezielle Form geschlagen wurden. Die Kontur der ältesten Bildsteine erinnert an ein Axtblatt. Die Steine sind mit Bildern versehen, die in die Oberfläche geritzt wurden und heute nicht leicht zu verstehen sind. Die Tradition, mit Bildern gravierte Steine aufzustellen, lebte eine lange Zeit fort, doch die äußere Form und die Motive der Bilder veränderten sich. Am besten bekannt sind uns die Bildsteine der Wikingerzeit. Seit dem 8. Jh. richtete man hohe, oft sehr bildreiche Steine auf. Einige der Szenen sind in schriftlich überlieferten Erzählungen wie den isländischen Sagas wiederzuerkennen. Erzählungen und Legenden waren für die Auftraggeber der Steine sehr wichtig. Die Motive variieren, doch Schiffe sind sehr häufig vertreten, und dass die Gotländer auf große Fahrt gingen, wissen wir. Doch ob die Bilder friedliche oder kriegerische Fahrten zeigen, ist nicht leicht zu entscheiden Auf einigen Steinen sieht man eine Frau mit Trinkhorn, die einen oder mehrere Männer empfängt. Vielleicht ist es eine Walküre, die gefallene Krieger in Odins Wohnsitz, Walhall, willkommen heißt. Die Steine wurden auf dem heimischen Hof, an Brücken und lokalen Versammlungsorten errichtet. Heute stehen nur noch 10 – 15 Steine an ihrem ursprünglichen Platz, so bei Änge in Buttle, offenbar im Anschluss eines Weges, und in Bro.

Diese Steine vermitteln detaillierte Kenntnisse darüber, wie Menschen und Dinge in der Wikingerzeit aussahen. So zeigen die Bilder, wie die Segelschiffe konstruiert waren und welche Bart-, Haar- und Kleidermode herrschte. Viele der Steine sind heute in Gotlands Museum zu betrachten.

Ausländische Einflüsse

Seit der Steinzeit hatten die Gotländer Kontakt zu Menschen außerhalb ihrer Insel. Große Flintäxte wurden aus Südschweden importiert und Bronze, das erste Metall, muss auch von Europa gekommen sein. In der römischen Eisenzeit wurden die Kontakte zur Umwelt enger und große Warenmengen, wohl auch Kenntnisse, Bräuche und Traditionen aus dem römischen Reich erreichten Gotland. Goldmünzen, Weinsiebe mit römischem „Fabrikstempel“, schöne Glaspokale und nicht zuletzt eine Bronzemaske der

Silberschatz von Hägvalds in Gerum mit nahezu 2000 Münzen. Der Schatz lag in einem Topf mit einem flachen Stein als Deckel und enthielt meist arabische Münzen , aber auch deutsche und englische. Er wurde in den 990er-Jahren n. Chr. vergraben.

römischen Kavallerie sind in gotländischer Erde gefunden worden. Heute werden diese Gegenstände in Gotlands Museum verwahrt.

In der jüngeren Eisenzeit wurden die Fahrten der Gotländer zahlreicher und länger. Sie führten ostwärts entlang der Flüsse u.a. nach Miklagård, der byzantinischen Hauptstadt Konstantinopel (heute Istanbul). Hier handelte man gegen Mengen arabischen Silbers. Auf ihren Reisen zur südlichen Ostseeküste und ostwärts zum Schwarzen Meer hatten die Gotländer vermutlich Handelswaren wie Getreide, Häute und Fleisch, aber auch Sklaven, Eisen und Pelzwerk geladen. Nach Hause brachten sie Stoffe, Perlen und anderen Schmuck, dicht mit Bronzebeschlägen besetzte Gürtel orientalischer Art und nicht zuletzt Silber.

Die Mehrzahl der in Schweden gefundenen Silberschätze wurde auf Gotland entdeckt. Beinahe 75 Prozent aller Münzen aus der Wikingerzeit stammen aus gotländischen Funden. Die Schätze enthalten oft arabische Münzen, Fibeln und Armreifen. Der schwerste gotländische Silberschatz ist der Spillingsschatz von Othem. Er wiegt ganze 67 Kilo. Die wikingerzeitlichen Menschen könnten ihre Schätze in der Erde vergraben haben, um sich vor Plünderung zu schützen, aber vielleicht auch, um sie für das Totenreich aufzubewahren. Wofür das Silber auch gedacht war: Man sorgte dafür, es in der Nähe zu behalten. Offenbar wurden nahezu alle wikingerzeitlichen Schätze auf dem eigenen Hof oder in seiner Nähe vergraben.

Die Kontakte zu anderen Ländern führten auch dazu, dass die Gotländer den Glauben an die Götter der Asen zugunsten des Christentums aufgaben. Laut der Gutasage, der gotländischen Chronik, die als Teil des Gutalag (Gotlands Landschaftsrecht) überliefert ist, vollzog sich dieser Übergang auf der Insel friedlich. Der norwegische König Olav Haraldson oder Olof der Heilige ist eine zentrale Gestalt in diesem Zusammenhang. Während einer Reise nach Russland im Jahr 1209 soll er laut der Sage bei St. Olofsholm, damals noch Akergarn, an Land gegangen und Gotland christianisiert haben.

Gutalag und Gutasage sind in den 1220er-Jahren verfasst worden, doch die älteste Kopie stammt aus dem 14. Jh. Das Gutalag galt im ganzen Mittelalter, unter schwedischer wie auch unter dänischer Herrschaft. Die Gutasage enthält den Schöpfungsmythos Gotlands, definiert aber auch das Rechtsverhältnis der Gotländer gegenüber der schwedischen Königsmacht.

Seit der Eisenzeit war Roma ein bedeutender Ort. Hierher kamen Menschen von der ganzen Insel, um sich auf dem Markt zu treffen, Waren zu handeln und Ideen auszutauschen. Roma war auch der Versammlungsplatz des gutnischen Allthings. Repräsentanten aller 20 gotländischen Thing fassten hier Beschlüsse in rechtlichen Fragen.

Wohlstand regiert das Bauen

Der in der Wikingerzeit begründete Wohlstand setzte sich noch im Mittelalter fort.

Viele Gotländer, ob auf dem Land oder in Visby, haben aktiv Handel getrieben und große Vermögen angesammelt. Im Unterschied zu den wikingerzeitlichen Gotländern haben sie ihr Silber aber nicht in der Erde vergraben, sondern große Teile ihrer Gewinne in den Bau von Kirchen und Steinhäusern investiert. Vom 12. Jh. an setzten sich die meisten der Gemeinden Gotlands für den Bau mächtiger Kirchen aus Kalk- und Sandstein ein.

Jetzt ließen auch Privatpersonen die ersten Steinhäuser bauen. In Visby wurden zahlreiche Packhäuser errichtet, die dem Handel und der Aufbewahrung von Waren dienten. Ähnliche Häuser ließen auch Kaufleute auf dem Land bauen. Manchmal waren diese Gebäude zugleich Wohnhäuser. Ein Beispiel ist Kattlunds in Grötlingbo. Der rechte Teil des Wohnhauses stammt aus dem Mittelalter. Das Haus besitzt ein steiles Dach und kleine bogenförmige Fenster. Auch Teile der Scheune zur Straße hin sind mittelalterlich. Ihr Dach wird von dicken Balken getragen, deren Enden mit kleinen Kästen versehen sind, um sie vor der Witterung zu schützen.

Dass man mit Stein zu bauen begann, mag dem Kirchenbau und leicht zugänglichem Baumaterial zu verdanken sein, doch waren auch die kostbaren Warenlager so besser geschützt. Mit Stein zu bauen und ein Steinhaus zu besitzen war ein Zeichen von Macht und Wohlstand.

Eines der am besten erhaltenen mittelalterlichen Steinhäuser auf dem Land ist Stora Hästnäs nördlich von Visby.

Der Handel und die Hanse

Der Osthandel setzte sich im frühen Mittelalter fort. Gotland besaß nahezu das Monopol für den Warenaustausch mit Rußland und handelte mit Bienenwachs, Pelzwerk, Häuten, Eisen und Kupfer. Viele gotländische Kaufleute wurden dadurch sehr reich. Die Gotländer besaßen sogar einen Handelshof namens

Mittelalterliche Scheune von Kattlunds.

Gutagård in Nowgorod. Die russischen Waren wurden vor allem nach Schleswig in Dänemark weiterverkauft.

Zu dieser Zeit gab es genügend Nahrungsmittel auf Gotland und der Überschuss wurde von den Bauern selbst oder spezialisierten Kaufleuten gehandelt. Sie exportierten u.a. Fleisch und Getreide, aber auch Wolle, Taufsteine und Waffen aus Eisen. Am Ende des 12. Jh. ließen sich ausländische Kaufleute u.a. aus Rußland und Deutschland in Visby nieder. Sie sollten den nordeuropäischen und gotländischen Handel allmählich dominierten.

Gotland und Visby spielten eine wichtige Rolle in der Hanse, einem Netzwerk von Kaufleuten an Nord- und Ostsee und auf dem Kontinent, das den Handel erleichtern sollte. Lübeck war die führende Stadt. Die Teilhabe an der Hanse gab den Kaufleuten der Insel große ökonomische Vorteile, doch in den 1280er-Jahren entwickelte sie sich vom Kaufmanns- zum Städteverbund. Auf Gotland schuf dies Probleme, denn viele Bauern waren aktive Kaufleute. Sie mussten nun ihren Handel über Visby treiben und Abgaben und Zölle zahlen.

Dadurch wuchsen die Spannungen zwischen den Kaufleuten in Visby und auf dem Land. Die Ringmauer um Visby wurde im 13. Jahrhundert zur Kontrolle des Handels errichtet. Mit den Zöllen und Abgaben war sie einer der Faktoren, die zu den Kämpfen zwischen Stadt und Land im Jahr 1288 führten. Erst als der schwedische König Magnus Ladulås eingriff, um den deutschen Handelseinfluss auf Gotland zu begrenzen, konnte der Krieg beendet werden.

Das Ende der Blütezeit

Im 14. Jahrhundert verschlechterten sich die Zeiten. Ganz Europa war von einem Rückgang der Konjunktur betroffen. Einige hundert Jahre beständiger Entwicklung, Bevölkerungswachstums und Übernutzung landwirtschaftlichen Bodens hatten ihre Spuren hinterlassen. Eine Klimaverschlechterung mit kälteren Wintern und feuchteren Sommern leitete überdies das Jahrhundert ein und brachte Missernten und Hunger. Der Mangel an Ackerflächen erschwerte die ausreichende Produktion von Lebensmitteln für die wachsende Bevölkerung, und so konnte kein Überschuss mehr erwirtschaftet und gegen Gewinn verkauft werden.

Der Niedergang ist u.a. daran abzulesen, dass man beinahe ganz aufhörte, mit Stein zu bauen. Einige große Umbauten von Kirchen wurden nicht vollendet. So sind zum Beispiel die Kirchen in Källunge und Fröjel nie zu großen gotischen Kathedralen geworden. Nur ihr Chor konnte noch umgebaut werden, bevor die schwache Konjunktur das Vorhaben stagnieren ließ.

Die Situation verschlimmerte sich 1350, als die gefürchtete Pest, der Schwarze Tod, Gotland erreichte, nachdem sie ganz Europa überschwemmt hatte. Man schätzt, dass ein Drittel der Inselbevölkerung, wenn nicht mehr, während der Epidemie starb. Dieser Verlust führte zu noch größeren Schwierigkeiten, denn jetzt konnten noch weniger Menschen das Land bestellen und sich um die Ernte kümmern. Er war auch spürbar unter den Handwerkern, Bauarbeitern, der Priesterschaft und anderen Gruppen.

Gleichzeitig verlor die Insel mit dem Verlust so vieler Menschen auch Kenntnisse und Kompetenzen. Das waren schwere Zeiten auf Gotland.

Heute verdanken wir zum Teil dem großen Niedergang des 14. Jahrhunderts, dass viele Kirchen und Bauwerke aus dem 12. und 13. Jh. bewahrt wurden.

Das Waldemarskreuz.

Valdemar Atterdag nimmt Gotland ein

Bevor die Insel sich von der Pest erholen konnte, landete der dänische König Valdemar Atterdag an Gotlands Westküste. Im Jahr zuvor hatte er Schonen, Blekinge und Öland erobert. Sein Heer marschierte auf Visby zu, doch bei der Ajmunds-Brücke in Mästerby war es zu einem Umweg gezwungen, denn ein gotländisches Bauernheer hatte die Brücke zerstört, um die Dänen aufzuhalten. Man wollte Valdemar und seine Soldaten im gewöhnlich schwer passierbaren Fjäle Moor stellen. Doch der Sommer 1361 war einer der wärmsten seit Menschengedenken. So hatte die dänische Armee keine Probleme, das trockene Moor zu durchqueren. Hier kam es zu einer großen Schlacht zwischen den Kontrahenten. Tausend Männer sollen gefallen sein, die meisten von ihnen Gotländer.

Während die Bauern gegen Valdemar kämpften, scheint Visby den Verhandlungsweg gewählt zu haben. Der schwedische König Magnus Eriksson hatte die Bürger Visbys schon im Frühjahr vor einem möglichen dänischen Angriff gewarnt. So mag es sein, dass es bereits eine Übereinkunft zwischen Visby und Valdemar gab:

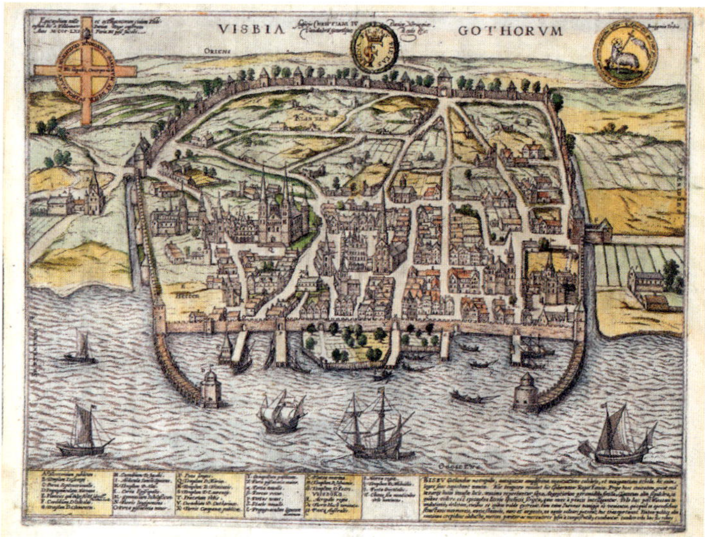

Ältere Kopie eines Stadtpanoramas von Visby. Das Original wurde 1572–1618 von Georg Braun in Zusammenarbeit mit dem Kupferstecher Franz Hogenberg herausgegeben. Das Bild zeigt das mittelalterliche Visby mit Hafen und Schloss Visborg.

Die Stadt sollte ihre Handelsfreiheit behalten, wenn sie nicht mit dem Bauernheer kämpfte und es nicht in die Stadt hinein ließ. Dem gotländischen Heer kann Hilfe von Visby versprochen worden sein, doch als die Bauern die Stadttore erreichten und zu ihrem Schutz hinein wollten, blieben die Tore verschlossen.

Das Bauernheer, das außerhalb der Mauern Visbys auf Valdemars bestens ausgerüstete Armee traf, war auf sich gestellt. Schlecht bewaffnet und ohne Kampferfahrung war es chancenlos gegenüber den Soldaten in Rüstungen und Kettenhemden. Am 27. Juli kam es zur Schlacht. Nach dem dänischen Sieg lagen fast 1800 Tote, zumeist Gotländer, auf dem Schlachtfeld. Hastig wurden sie in Massengräbern auf dem Gelände des Solberga Klosters nahe dem Südtor begraben. Schon in den 1380er-Jahren wurde hier ein Kreuz zum Gedenken an die Gefallenen errichtet. Die lateinische Inschrift lautet übersetzt: „Im Jahr des Herrn 1361 am 27. Juli fielen die hier begrabenen Gotländer vor den Toren Visbys in die Hände der Dänen. Betet für sie." Das Kloster verschwand, doch das Kreuz ist bis heute bewahrt.

Möglichweise kam die Hälfte des ländlichen Heeres während der dänischen Invasion ums Leben. Untersuchungen einiger der Massengräber brachten furchtbare Verletzungen zutage, zugefügt von Schwertern, Streithämmern und Armbrüsten. Offenbar waren viele der Toten alt und ausgezehrt, andere sehr jung. In der Ausstellung „1361" erzählt Gotlands Museum die Geschichte der Invasion und zeigt einen Teil der Funde aus den Massengräbern.

Kaperfahrer auf der Ostsee

Nach 1361 wurde die Konjunktur auf Gotland immer schwächer. Doch obwohl die Insel kein wichtiger Knotenpunkt des Ostseehandels mehr war, wurde viel um sie gekämpft. Entlang der Küsten trieben Kaperfahrer, quasi legale Beutenehmer, ihr Unwesen und verbreiteten Schrecken unter Kaufleuten und Seefahrern. Fürsten konnten zu dieser Zeit Privatpersonen mit Kaperbriefen, also mit der Erlaubnis ausstatten, Schiffe feindlicher Mächte auszurauben. Kaperfahrer waren ein Werkzeug, die Wirtschaft des Gegners zu unterminieren.

Die Vitalienbrüder, Anhänger des abgesetzten schwedischen Königs Albrecht von Mecklenburg, machten Gotland am Ende des 14. Jh. zur Basis ihrer Kaperfahrten. Ihre Angriffe richteten sich gegen die Hansestädte des Ostseeraums. Sie besaßen Festungen auf Gotland: in Slite, auf Vivesholm in Klintehamn und auf einer Insel im Lojsta Träsk, heute bekannt als Lojsta Schloss.

Am Ende hatte der für die Hanse streitende Deutsche Orden genug vom Unwesen der Vitalier und vertrieb sie von Gotland – eine kleine Atempause für das arg betroffene Visby, das sich zu Beginn des 15. Jh. zeitweilig erholte, so dass der Handel wieder in Gang kam.

Der Deutsche Orden initiierte den Bau des Schlosses Visborg, einer gigantischen Anlage an der südwestlichen Seite der Ringmauer. Der Bau war teuer und belastete die Einwohner der Stadt mit enormen Steuererhöhungen. Erik von Pommern, der die Herrschaft auf Gotland übernommen hatte, ließ den Schlossbau vollenden. Auch er ließ Schiffe kapern und in der schwedischen Küstenlandschaft plündern. Trotz schwedischer Angriffe gegen Visby, die Erik zum Verlassen der Insel zwangen, blieb Gotland unter dänischer Herrschaft.

Im 16. Jh. breitete sich der Protestantismus mehr und mehr in Europa aus. Auch in Schweden kam es zur Reformation, wo die Macht der katholischen Kirche auf den König überging. Gleichzeitig verringerte sich der Einfluss der Hanse im Norden. Viele katholische Institutionen wie das Solberger Kloster und die Konvente St. Karin und St. Nicolai in Visby wurden geschlossen. Kirchen wurden geplündert und das Kloster in Roma wurde Königshof des Lehnsherrn von Gotland.

Der Kampf zwischen dänischen und schwedischen Streitkräften um die Insel setzte sich fort. Mit dem Frieden von Brömsebro 1645 wurde Gotland nach 300 Jahren dänischer Herrschaft wieder schwedisch. Allerdings kamen die Dänen 1676 noch einmal kurzeitig zurück. Bevor sie drei Jahre später die Insel verließen, sprengten sie Schloss Visborg in die Luft. Eine solche Festung wollte man den Schweden nicht überlassen. Die steinernen Überreste wurden für Bauten in Visby und Stockholm und zur Kalkgewinnung verwendet.

Trotz kurzeitiger dänischer Invasionen und russischer Plünderungszüge am Beginn des 18. Jh. wurden die Zeiten besser und der Handel kam in Schwung. Gotländische Kaufleute beschafften sich eigene Schiffe und das Reedereiwesen wuchs. Viele gotländische Handelshäuser waren sehr erfolgreich und florierten, so auch das von Anna Margareta Donner, geb. Lytberg. Sie hatte als 25jährige Mutter zweier Kinder das Geschäft ihres verstorbenen Mannes, des deutschen Kaufmanns J. H. Donner, übernommen.

Historischer Kalkofen bei Lergrav. Im Hintergrund ein moderner Kalkbruch auf Furillen.

Schiffswerft, Reederei, Seifensiederei, Tabakfabrik, Kalköfen, Kaufläden und vieles mehr – all dies unter dem Dach des Hauses Donner. Hauptsitz war Visby.

Der wichtige Kalk

Kalkstein war zu allen Zeiten als Baumaterial und Handelsware bedeutsam. Schon in frühgeschichtlicher Zeit wurde er für Gräber, Fluchtburgen und Hausfundamente verwendet. Er war leicht zugänglich und wurde im offenem Tagebau von den Felskanten gebrochen.

Im Mittelalter baute man zahlreiche Kirchen mit Kalkstein. Dazu legte man Kalköfen an, in denen Kalk zur Gewinnung von Kalkmörtel gebrannt wurde. In geringem Umfang sind Kalk und Kalkstein schon zu dieser Zeit exportiert worden.

Im 17. Jh. verwandelte sich die Kalkbrennerei in eine lohnende Industrie, die allmählich zum wichtigsten Erwerbszweig Gotlands aufstieg. Wohlhabende Kaufleute und Bürger investierten in Kalköfen, Häfen und Kalkschuppen. Jetzt, in der Großmachtzeit, wurde gotländischer Kalk für alle Schloss- und Herrenhofbauten auf dem Festland nachgefragt. Kalköfen wurden auf der ganzen Insel errichtet und um sie herum wuchsen richtige Dorfgemeinschaften mit Arbeiterwohnungen und Läden. Die Kalkpatrone erwarben große Macht und Einfluss. Außer in der Kalkindustrie engagierten sie sich im Holzhandel, im Schiffbau und im Reedereiwesen. Die Kalkwerksarbeiter dagegen mussten hart arbeiten. Die Arbeit war sehr schwer und nicht gut bezahlt. Auch handelte es sich meist um Saisonarbeit, so dass die Arbeiter gezwungen waren, sich im Winterhalbjahr anders zu versorgen.

Der enorme Bedarf an Holz bedrohte aber den Waldbestand, so dass im 18. Jh. die Zahl der Kalköfen reglementiert wurde. Als man im 19. Jh. die Öfen mit Kohle befeuerte, wurden wieder neue Kalköfen gebaut.

Auch zu Beginn des 20. Jh. war die Nachfrage nach Kalkstein vonseiten der schwedischen und ausländischen Industrie groß. Neue Kalkbrüche wurden im Norden Gotlands eröffnet und florierten. Doch nach dem Zweiten Weltkrieg verminderte sich die Nachfrage spürbar, und heute wird Kalkbruch in großem Stil nur noch an wenigen Orten Nordgotlands betrieben.

Auch der Sandstein Südgotlands ist für den Bau verwendet worden und eine nachgefragte Exportware gewesen. Im Mittelalter stellte man Taufsteine für den Export her. Viele Kirchen im Süden der Insel sind aus örtlichem Sandstein errichtet. Auch dass Stockholmer Schloss, Schloss Drottningholm sowie Ritterhaus und Bondescher Palast sind mit ihm ausgeschmückt.

Im 17. und 18. Jh. verwendete man den Sandstein außer in Schweden auch für Schlossbauten in Deutschland und Dänemark.

Die Flurteilung verändert die Landkarte

Bis zum 18. Jh. waren die Höfe als Einzelhöfe in der Landschaft verstreut. Doch eine neue Gesetzgebung zum Erbrecht bestimmte, dass sämtliche Kinder ihre Eltern beerben und nicht wie früher nur der älteste Sohn. So wurden Höfe und Land vom 18. Jh. an von Generation zu Generation in immer kleinere Teile geteilt, auf denen neue Häuser entstanden. Um Höfe und Land möglichst ungeteilt zu erhalten, wurde es Tradition, spät zu heiraten und nicht so viele Kinder zu bekommen. Dennoch wurde der Grundbesitz vieler Höfe durch Erbschaft, Kauf, Heirat oder Schenkung zerstreut. Manche Höfe besaßen Flächen an bis zu dreißig verschiedenen Orten, oft in mehreren Kirchspielen. Kattlunds ist ein gutes Beispiel. Der Hof wurde unter sieben Familien aufgeteilt.

Ein Hof konnte aus drei bis vier Wirtschaftseinheiten, Parzellen, bestehen, je mit Wohnhaus, Wirtschaftsgebäuden und dazugehörigem Land. Das Hofgebilde mit mehreren Wohnhäusern und Scheunen, in Haufen angelegt, wirkte aus heutiger Sicht unordentlich, ohne innere Ordnung und Struktur. Die kleinen Ackerstücke in Gemengelage waren schwer zu bewirtschaften, weil der Bauer das Land anderer queren musste, um sein eigenes zu erreichen. Es bedurfte aber zusammenhängender Flächen, um effektive Landwirtschaft zu betreiben.

Im Rahmen der sog. Großen Flurbereinigung wurden deshalb am Ende des 18. Jh. landwirtschaftliche Flächen so unter den Parzellen eines Hofes umverteilt, dass jede mehr zusammenhängendes Areal erhielt. Da die Bevölkerung weiter anwuchs, zeigte sich Mitte des 19. Jh., dass die Reform nicht ausreichend war. Jetzt fasste man mehrere Höfe mit ihren Parzellen in sog. Skifteslag zusammen und verteilte das Land in jeder dieser Einheiten um. Damit war auch das Freiland betroffen und auch Hofparzellen wurden ausgetauscht.

Die Flurbereinigung war die Lösung des Problems zerstreuter Ackerflächen, auch wenn die Bauern anfangs dagegen protestiert haben. Sie kannten die Voraussetzungen ihres eigenen Landes und wie es zu bewirtschaften war. Jetzt standen sie vor einer neuen Herausforderung, die die Möglichkeiten des Ackerbaus sicherlich beeinflusste.

Schnurgerade Wege, die die Ackerlandschaft durchschneiden, sind heute die deutlichsten Spuren der Flurbereinigung. Sie wurden auf dem Reißbrett geplant, ohne Rücksicht darauf, ob fruchtbares Land für sie in Anspruch genommen wurde. Bis dahin war das Wegenetz gewachsen, ohne fruchtbares Land zu zerstören und richtete sich danach, wo man trockenen Fußes vorankam. Dies galt auch für die Platzierung von Bauwerken in der Landschaft.

Rekultivierung und Industrialisierung

Im 19. Jh. wuchs die Bevölkerung, die Höfe wurden wieder größer und die Lebensbedingungen von immer mehr Menschen besser. Doch wie im übrigen Schweden entschlossen sich auch auf Gotland viele zur Emigration zumeist nach Nordamerika.

Durch Rekultivierung der Moore konnten Ackerflächen hinzugewonnen werden und die Landwirtschaft wurde mechanisiert und damit effektiver. Moore und Feuchtgebiete wurden mit Hilfe von Kanal- und Grabenanlagen entwässert, so dass sie landwirtschaftlich genutzt werden konnten. Know How und Technik kamen aus England und den Niederlanden. Eines der ersten Moore Gotlands, das rekultiviert wurde, war Kajlungs Myr in Lärbro am Anfang des 19. Jh. Doch der Boden war schnell nährstoffarm, ein Problem, das auch bei anderen entwässerten Mooren auftrat.

Das gotländische Rekultivierungsunternehmen kultivierte viele Moore, u.a. in Elinghem, Martebo und Rone. Doch Nährstoffgehalt und Ertrag der neugewonnenen Flächen sanken sehr schnell. Erst der verstärkte

Die Zuckerrübe war viele Jahre lang wichtige Anbaufrucht auf Gotland.

Einsatz von Kunstdünger am Ende des 19. Jh. gab der Rekultivierung der Moore Anschub. Auch Wiesen und Weiden wurden als Anbauflächen genutzt, da man nun dank des Kunstdüngers Heufutter auch auf Weideflächen anbauen konnte und nicht mehr auf abgelegene Wiesen angewiesen war. Die kultivierten Flächen wurden schnell vervielfacht. Neue Saaten und moderne Maschinen tauchten auf, Weizen, Kartoffeln, Raps und nicht zuletzt Zuckerrüben wurden immer gewöhnlicher.

Industrien zur Veredelung landwirtschaftlicher Produkte wie die Zuckerfabrik in Roma, die vielen Gotländern Arbeit gab, gingen in Betrieb. Gleichzeitig entstanden Industrien zur Herstellung von Marmorgegenständen, Ziegelsteinen und Streichhölzern. Im Süden der Insel wurde nach wie vor Sandstein gebrochen und veredelt. Um 1900 wurde Gotlands Schleifsteinfabrik in Burgsvik mit 150 Angestellten gegründet.

Der Zuwachs an Ackerflächen war eine Voraussetzung für Wachstum und Modernisierung der Landwirtschaft. Aber er hatte auch unerwünschte Wirkungen, denn der Mangel an Feuchtgebieten schuf große Probleme für die Wasserversorgung. Regenwasser rann nun direkt in die Ostsee, anstatt gespeichert zu werden und den Vorrat an Grundwasser zu füllen.

Vor der Rekultivierung der Moore bestand ein Zehntel der Inselfläche aus Mooren und Seen. Hier gab es Hecht, Barsch, Rotauge, Aland, Quappe und Karausche, vor allem die Alandfischerei war lohnend. Im Frühjahr wanderten Alande in dichten Schwärmen über Bachläufe wie Gothemså, Närså und Västergarnså zu den Laichplätzen in den Seen.

Fisch, ob aus Inselgewässern oder der Ostsee, trug zu allen Zeiten zur Versorgung bei. An Gotlands Küsten gibt es ca. 200 Fischerstellen, wo die Bauern jedes Jahr im Herbst und im Frühling einige Wochen verbrachten, um für den Eigenbedarf zu fischen. Der Fang wurde eingesalzen in großen Tonnen bis zur nächsten Fangperiode konserviert. Man sammelte hier auch an den Strand gespülten Seetang, der zur Düngung der Äcker verwendet wurde.

Die ersten Touristen

Der Tourismus ist früh eine wichtige Einkommensquelle Gotlands geworden. Zu Beginn des 19. Jh. tauchten die ersten Touristen auf. Noch waren es keine Touristen im herkömmlichen Sinn, sondern Künstler und Volkspädagogen, die Natur, Baukunst, Brauchtum und Arbeitsweisen dokumentieren wollten. Es gab auch solche, die der Gesundheit wegen kamen, so wie Prinzessin Eugénie, Tochter Oskars I., der ein Klimawechsel ärztlich verordnet worden war. In den 1860er-Jahren ließ sie eine Sommerresidenz in Fridhem bauen, was die zeitgenössische kulturelle Elite bewog, ihre Ferien auf der Insel zu verbringen. Ljugarn war einer der ersten Küstenorte, der als Reiseziel Anfang des 20. Jh. populär wurde. Der Ort entwickelte sich zu einem eleganten Badeort mit klassischen Pensionaten.

Als ein regulärer Passagier- und Frachtverkehr zwischen Gotland und dem Festland in Gang kam, wurde es leichter, die Insel zu erreichen. Auch der Telegraf ermöglichte engere Kontakte mit dem übrigen Land. Mit der Einweihung der Eisenbahn 1878 verringerte sich die Reisezeit für den Verkehr auf der Insel selbst. Doch die Geschichte der Eisenbahn auf Gotland ist kurz. Zunehmender Autoverkehr führte 1960 zur Einstellung des Betriebes.

Kriegszeiten

Im Ersten Weltkrieg stärkten Truppen vom Festland die Verteidigung der Insel. Deutsche und russische Flotten bewegten sich in den Gewässern um Gotland und der Krieg machte sich mit Kanonendonner und gestrandeten Minen bemerkbar. Im Juli 1915 wurde das deutsche Minenfahrzeug Albatross vor Östergarn von einer russischen Flotteneinheit beschossen. Schwerbeschädigt lief es nahe der Küste auf Grund, verletzte und tote Soldaten wurden an Land gebracht. Die Opfer wurden auf dem Friedhof der Kirche von Östergarn begraben.

Kriegsbedingt herrschte Mangel an diversen Waren – Lebensmittel, Kerosin, Kaffee –, die deshalb streng rationiert wurden.

Prinzessin Eugénies Fridhem lockte viele Besucher.

So taten die Gotländer, was sie immer taten: Sie fischten für den Eigenbedarf, und auch nach dem Krieg sorgten viele als Berufsfischer für ihren Lebensunterhalt.

Der Abstand Gotlands zur Umwelt verringerte sich weiter, als der Flugverkehr in den 1920er-Jahren aufgenommen wurde. Auch die Elektrifizierung der Insel begann, wichtig vor allem für die Zementindustrie in Slite, die Meiereien, Mühlen und die Zuckerfabrik in Roma. Landgemeinden mit ausgeprägter Landwirtschaft wurden zuerst mit Strom versorgt, doch kam die Entwicklung in den 30er-Jahren und im Zweiten Weltkrieg nur langsam voran.

Russlandschweden auf Gotland

Am Ende der 1920er-Jahre kamen die Russlandschweden nach Gotland. Ursprünglich von Dagö vor Estlands Küste stammend, waren sie im 18. Jh. von dort vertrieben worden. Sie siedelten sich in der Ukraine im heute sog. Gammalsvenskby an. Das Leben war auf vielerlei Art hart: Krieg, Revolution, Missernten. 1929 erhielten sie die Erlaubnis, nach Schweden auszuwandern. Viele nutzten die Chance, zurückzukehren und ein neues Leben zu

Der letzte Gottesdienst der Russlandschweden am Strand von Dnjepr, bevor sie den Ort 1929 mit Flussdampfern verließen.

beginnen. In Schweden verschlug es sie an verschiedene Orte, viele ließen sich auf Gotland nieder. Ihre Namen und Nachkommen leben hier mit Nachnamen wie Buskas, Hinas und Hoas fort.

Im Zweiten Weltkrieg nahm Gotland Flüchtlinge aus dem Baltikum auf, die vor den heranrückenden Russen geflohen waren. Viele Menschen kamen über die Ostsee. 1944, als der Flüchtlingsstrom nach Gotland am größten war, landeten täglich an die 50 Flüchtlingsbote, die meisten Schiffe in schlechtem Zustand und die Menschen mitgenommen. Sie fanden vor allem im nördlichen Gotland, von Slite bis nach Gotska Sandön, Aufnahme. Zwischen 1943 und 1946 erreichten insgesamt mehr als 11000 baltische Flüchtlinge die Insel, die meisten aus Estland und Lettland. Nach einem Aufenthalt in Aufnahmelagern wurden sie in Lager auf dem Festland verbracht.

Am Ende des Zweiten Weltkrieges kamen desertierte deutsche Soldaten als Flüchtlinge nach Gotland, die in ein Internierungslager für 600 Kriegsgefangene (Lager Lingen) nach Havdem verbracht wurden. Hier blieben sie einige Monate, bis sie weiter in eine ungewisse Zukunft geschickt wurden, aber mancher schloss Freundschaft mit den Bewohnern Havdhems und blieb ihnen verbunden.

Der Krieg traf auch das Dampfschiff Hansa (im Linienverkehr zwischen Nynäsham und Visby). Es war ein russisches U-Boot, das das Schiff in einer Novembernacht 1944 versenkte. 84 Menschen kamen ums Leben. Nur zwei überlebten die Katastrophe. In der Visbyer Domkirche wurde ein Gedenkort für die Opfer eingerichtet.

Im 20. Jh. wurden militärische Regimenter und Verbände wie die Küstenartillerie auf Fårö und der Panzer- und Artillerieverband in Visby aufgebaut. Gotland lag im Grenzbereich zwischen Ost und West und in der Nachkriegszeit und im Kalten Krieg wuchsen die Spannungen an. So rüstete man die Insel militärisch auf, man zählte bis zu 1500 Wehrpflichtige. Im Fall eines Krieges sollte Gotland 25 000 Mann Verstärkung vom Festland erhalten.

Nach dem Fall der Berliner Mauer 1989 wickelte man nach und nach sämtliche Regimenter und Verbände ab, doch laut eines neuen Verteidigungsbeschlusses von 2016 soll auf Gotland wieder Militär stationiert werden.

Um die Folgen der Auflösung militärischer Einheiten zu mildern – das Militär war ein wichtiger Arbeitgeber – wurden staatliche Ersatzjobs geschaffen, so Arbeitsplätze bei Svenska Spel. Riksutställningar und Teile von Riksantikvarieämbetet wurden von Stockholm nach Visby verlagert.

Am Ende der 1990er-Jahre wurde die Hochschule Gotlands als selbständige Hochschule mit Sitz in der alten Malzfabrik nahe Almedalen in Visby etabliert. Seit 2013 ist sie als Campus Gotland Teil der Universität Uppsala mit Studenten aus dem In- und Ausland.

Knappkorallen.

EIN LAND, GEFORMT VON EIS UND MEER

Die gotländische Chronik, die Gutasage, erzählt vom frühgeschichtlichen Gotland als einer verzauberten Insel. Am Tag versank sie im Meer, des Nachts stieg sie wieder an die Oberfläche. Erst als der erste Mensch die Insel erreichte und das Feuer mitbrachte, versank sie nicht mehr. Der Mann mit dem Feuer hieß Tjelvar. Auch wenn diese Erzählung nur eine Sage ist, so ist es doch kein Mythos, dass es vor allem das Meer war, das Gotlands heutige Gestalt geformt hat.

Vor 420 Millionen Jahren lag der Kontinent, zu dem das heutige Skandinavien gehört, am Äquator. Was sich allmählich zu Gotland entwickeln sollte, lag als Meeresgrund in einer Bucht an der Südseite jenes Kontinents. Im warmen tropischen Meer lebten zahlreiche Tiere z.B. Korallen, Moostierchen, Seelilјen und Stromatoporen. Zusammen bildeten sie Riffe. Um diese Riffe herum schwammen lange, tütenförmige Kopffüßer.

Abgebrochene, lose Teilchen ihrer Kalkskelette sammelten sich auf dem Meeresgrund und wurden zu hartem, abgelagertem Kalkstein. In ruhigem Wasser mit lehmigem Grund fühlten sich Muscheln, Schnecken, Armfüßer, Würmer und Trilobiten wohl. Dieser Boden verwandelte sich in das weichere Sedimentgestein Mergel. Die Fossilien in Raukar und Strandsteinen sind Reste dieser Tiere aus dem Silur – so nennt man diese Phase der Erdgeschichte.

Nach dem Silur bewegte sich der Kontinent nordwärts und erreichte vor 2–3 Millionen Jahren seine heutige Lage. Es folgten Eiszeiten, in denen Schweden und Gotland unter einer dicken Eisdecke lagen, welche die Erdkruste hunderte Meter herunterdrückte. Das letzte Inlandeis auf Gotland begann vor 14 000 Jahren zu schmelzen. Da lag die Insel noch ein gutes Stück unter der Oberfläche des Baltischen Eismeeres.

Die Landhebung

Vor 12 000 Jahren durchbrach Gotland die Wasseroberfläche mit einzelnen Inseln und Schären. Hochgelegene Zonen harten Riffkalksteins und Kalkstein, den das Inlandeis nicht abwetzen konnte, kamen als erstes zutage. Steine, Schotter, Sand und Lehm bildeten mit gebrochenem Kalkstein und Mergel eine das Land bedeckende Moränenschicht.

In niedrig gelegenen Zonen hatte sich kalkreicher Lehm angesammelt. Dieser fruchtbare Lehmboden bildet heute Gotlands landwirtschaftliche Flächen. Die dünnere Moränenschicht der höher gelegenen Zonen wurde zur Unterlage magerer Felsmark-Kiefernwälder und kargen Ödlands. Die Eisflüsse mit Schmelzwasser schufen tiefe Seen wie den Lojstaträsk.

In kräftigen Stürmen warf das Meer Wälle von Moränenschotter und Steinen am Strand auf, und als sich die Strandlinie wegen der Landhebung weiter zum Wasser hin verschob, blieben diese Wälle stehen. So wurden hohe parallel zum Strand verlaufende Strandwälle geformt, die heute besonders auf Närsholm und in Sundre im südlichen Gotland noch sichtbar sind.

Wenn die Meereswellen an den harten Kalkstein schlugen, wurden die weicheren Gesteine ausgewaschen. So bildeten sich Höhlen in den Klippen. Raukar bestehen aus härterem Riffkalkstein. Auch sie wurden geformt, indem das Meer die feinkörnigeren Teile des Steins weggespült hat. Raukar stehen als bizarre Stelen aus Stein immer noch an Gotlands Stränden. Auch saures Regenwasser formte die Klippen. Es floss in Rinnen daran ab und

Kaninchen.

löste den Kalk, so dass die Rinnen breiter wurden. So entstand zum Beispiel die Höhle in Lummelunda.

Gotlands steiniger Grund besteht aus Riffkalkstein, abgelagertem Kalkstein, lehmigem Mergel sowie etwas Sandstein und feinkörnigem Schluffstein. Harte und weiche Gesteinsarten verlaufen in Zonen schräg über die Insel: von Südwest nach Nordost; hohe Steilklippen im Nordwesten, weiche Lager mit flachgründigen Sandstränden an der Ostküste.

Säugetiere

Die gotländische Natur wird meist mit Sandstränden und Raukar verknüpft, aber es gibt bedeutend mehr Naturtypen und die Unterschiede zwischen ihnen sind groß. Dank des milden Klimas und des kalkreichen Felsgrundes ist die Flora artenreich, aber auch weil die Menschen zu allen Zeiten Wiesen und Äcker pflegten. Gotland besitzt von allen Landschaften Schwedens die meisten Orchideenarten.

Dagegen gibt es nur wenige Säugetierarten. Von den größeren Säugetieren sind nur Füchse und Rehe zu nennen. Letztere haben sich stark vermehrt, nachdem sie unerlaubt am Ende des 20. Jh. auf die Insel gebracht worden waren. Das schuf Probleme in Bezug auf Waldschäden und eine wachsende Zahl von Verkehrsunfällen. Auch gibt es Feld- und Waldhasen. Der Waldhase ist wohl das erste an Land lebende Tier, das vor 9500 Jahren auf die Insel kam. Die Fledermaus ist ebenfalls mit einigen Arten repräsentiert. Ansonsten sind Wildkaninchen zahlreich. Sie wurden zu Beginn des 20. Jh. heimisch und sind bei Gartenbesitzern und Bauern nicht immer beliebt, da sie deren Pflanzen fressen und Erdhöhlen und unterirdische Gänge graben. In manchen Jahren ist die Population sehr groß.

Doch das für Gotland typischste Säugetier, sein Wahrzeichen, ist der Igel. Er könnte von den ersten Steinzeitmenschen mitgebracht worden sein. In den letzten Jahren hat sich die Zahl der Igel vermindert, obwohl sie unter Schutz stehen. Kleinere Wassersalamander, Erdkröten und Moorfrösche sind heute die einzigen Lurcharten Gotlands, während Waldeidechsen, Nattern, Schlingnattern und Kreuzottern die Gruppe der Amnioten vertreten. Die gotländischen Nattern sehen anders aus als die auf dem Festland. Die meisten sind nahezu schwarz oder haben Reihen dunkler Flecken an der Seite und gelbrote Flecken im Nacken.

Gotland-Russ und Schafe

Auch das Gotland-Pony oder Gotland-Russ gibt es seit der Steinzeit auf Gotland. Früher liefen die Ponys frei auf der ganzen Insel herum, heute wird der noch vorhandene Bestand in der Lojsta Heide auf großen eingehegten Waldweiden gehalten. Gotland-Russ stellen Schwedens einzige heimische Pferderasse dar. Es sind vielseitige Tiere, gewohnt, wild zu leben und das ganze Jahr draußen zu sein. Und doch leben sie in engem Zusammenspiel mit dem Menschen: zum Reiten, zur Dressur, für Ponytrabrennen oder Springreiten.

Gotland ist auch bekannt für seine Schafe. Es ist jedoch ein Kuriosum, dass alle Schafe hier ‚Lamm' genannt werden, egal ob

Ritterwanze, gotl. Körkmack. Apollofalter.

junge oder erwachsene Tiere. Die Lämmer heißen hier ‚Lammjunges'. Dies ist vermutlich ein Überbleibsel des Altschwedischen.

Es gibt zwei heimische Schafsrassen, die vom gotländischen Freiweideschaf abstammen. Bei den Guteschafen haben Bock, Aue und Jungschaf Hörner, weshalb man sie auch ‚Hånnlambi' (Hornschaf) nennt. Ihre Farbe variiert von Hell- bis Dunkelgrau. Das gotländische Pelzschaf dagegen hat keine Hörner, aber ein lockiges, graues Fell.

Insekten und Vögel

Die üppig blühenden Kräuter der Insel ziehen viele Insekten an. Sehr häufig kommt die rot-schwarz-gezeichnete Ritterwanze vor (schwed. Riddarskinnbagge), gotl. Körkmack, weil sie sich im Herbst an sonnigen Tagen an Kirchenfassaden sammelt. Die grünende und sonnige Felsmark lockt auch viele Schmetterlinge an, etwa den Ockerbindigen Samtfalter oder den Apollofalter. In den

Filehajdar.

Kiefernwäldern findet man zahlreiche im Holz lebende Käfer.

Gotlands Küsten mit nistenden und rastenden Vögeln sind im Herbst und Frühling bei Vogelkundlern beliebt. 150 verschiedene Vogelarten brüten jedes Jahr hier, darunter ungewöhnlich viele Steinadler und Seeadler. Auf den Vogelinseln Stora und Lilla Karlsö brüten Trottellummen und gut die Hälfte der schwedischen Tordalken.

Nadelbäume und Felsmark (Hällmark)

Fast die Hälfte Gotlands ist mit Wald bedeckt, der von Nadelbäumen, vor allem Kiefern, dominiert wird. Der kalkreiche Boden lässt die Erde weniger sauer sein. Hier fühlen sich Regenwürmer wohl. Sie verwandeln die Erde in nährstoffreichen Mulch, so dass es in den lichten gotländischen Wiesenkiefernwäldern üppig grünt. Teppiche von Buchwindröschen und Leberblümchen bedecken den Boden im Frühling und etwas später blühen Orchideen wie das Waldvöglein, die Waldhyazinthe und die Vogel-Nestwurz. In großen zusammenhängenden Gebieten Nord- und Nordwestgotlands hat das Inlandeis nur eine dünne Erdschicht zurückgelassen. Der Felsgrund besteht aus hartem Kalkstein. In den Kiefernwäldern dieser Kalkfelsmark wachsen die Bäume weniger dicht als in den Wiesenkieferngehölzen. Offene Felsmark inmitten dieser Wälder ist typisch. Hier trocknet der Boden schnell aus. Doch die Pflanzen sind in der Lage, sehr trockene Sommer zu überstehen. Direkt auf dem Fels wachsen Flechten und kalkunempfindliche Moose. In den Spalten finden Büsche, Bäume und wasserbedürftigere Kräuter Halt. Im Frühling blühen die Felsmarken dank Hungerblümchen, Steinbrech und Sand-Hornkraut oft reichlich und im Sommer leuchten sie in überraschend großer Farbenpracht. Zuerst blüht dann die blaue Kugelblume, die es in Schweden nur noch auf Öland und Gotland gibt. Schnittlauch verleiht der Felsmark einen rosa Schimmer und zu Mittsommer leuchten Fetthenne und Sonnenröschen in Gelb. Die grüne Schwalbenwurz mit weißen Blüten übersteht trockene Sommer, indem sie die Feuchtigkeit an ihren lederartigen Blättern nicht verdunsten lässt. Im Hochsommer bedecken Echtes Labkraut, blaulila Ehrenpreis, Weiße Fetthenne, Tripmadam und Sandthymian den Fels, besonders auffällig sind Ende Juli die Ähren des Wimper-Perlgrases.

In den Kiefernwäldern der Felsmark hört man die anhaltenden, wehmütig-schnurrenden Gesänge von Heidelerchen und Nachtschwalben.

Nadelwald, vor allem mit hohen Fichten, gibt es auch an Gotlands Ost- und Westküste und auf Fårö, wo er auf kalkarmem Sandboden wächst. Er ähnelt dem Nadelwald des Festlandes. Auf dem Waldboden wachsen Blaubeeren und Heidekraut ebenso wie Moosglöckchen, Siebenstern und Draht-Schmiele – und viele Pilzarten.

Die geraden, hochgewachsenen Bäume eignen sich als Bauholz, und so hat Forstwirtschaft in großem Stil zu manchem Kahlschlag geführt. Besonders im Norden Gotlands wurde Holz als Brennstoff für die Kalkherstellung benutzt. Zu allen Zeiten haben die Gotländer auch Teer aus dem Rohstoff Holz gewonnen. Teer war früher eines der wichtigsten Exportprodukte der Insel. Im 17. Jh. wurde gotländischer Teer von Schiffswerften rund um die Ostsee nachgefragt und nahezu jeder Hof besaß eine Art Teerschwele, die sog. Sojde.

Laubwald und Laubwiesen

Von den früheren Laubwäldern ist heute nur noch ein kleinerer Teil erhalten. Der größere wurde schon früh zu Wiesen umgewandelt und teils für Ackerflächen gerodet. Ende des 19. Jh. verloren die Wiesen ihre Bedeutung für die Winterfuttergewinnung, doch der Bedarf an Ackerflächen wuchs. So wurden auch beinahe alle Wiesen zu Äckern. Die verbliebenen verwilderten zumeist, doch einige wurden wie von alters her auf traditionelle Weise weiter gepflegt. Heute sind sie unerhört reich an Tieren und Pflanzen, nicht zuletzt an Orchideen. Die gotländischen Wiesen sind Überbleibsel einer sehr alten Kulturlandschaft.

Als sich das Klima vor etwa 1500 Jahren abkühlte, mussten die Menschen ihre Tiere im Winter drinnen behalten. Um sie zu versorgen, rodete man die Laubwälder. So wurden offene Flächen zwischen den Bäumen geschaffen, wo Gras und Kräuter wachsen konnten, die später als Tierfutter geerntet wurden. Die Kronen der Eichen bedachten die Wiesen, sie lieferten Eicheln und die Haselnuss Nüsse. Ein sinnvolles Ökosystem entstand. Das zur Erde fallende Laub gab dem Boden Nahrung als Ersatz für die Nährstoffe, die ihm mit der Heuernte entzogen wurden. So konnten Bäume, Gräser und Kräuter Jahrhunderte lang gute Ernten bringen, ohne dass der Boden gedüngt werden musste. Noch heute werden viele Wiesen auf diese Weise gepflegt.

Wenn die Buschwindröschen blühen, ist es Zeit, auf den Wiesen Laub und tote Zweigen zusammenzuharken. So erhält das sprießende Gras Licht und das Wachstum der Kräuter kommt in Gang. Die kleinen Laub-und Reisighaufen werden an weniger produktiven Stellen der Wiese verbrannt.

Sommerwiese.

Im Juli ist das Heu reif und wird gemäht. Am Großen Klappertopf kann man die beste Zeit der Ernte erkennen. Wenn seine trockenen Samenkapseln rasseln, ist es Zeit für die Sensenmahd. Früher mähte man morgens und breitete das Heu an sonnigen Plätzen aus. Es wurde täglich gewendet und dann eingebracht.

Dann kamen die Weidetiere auf die Wiese und fraßen sich vor dem Herbst und Winter satt. Früher hat man den zurückbleibenden Dung im Frühling mit speziellen Holzhämmern zerteilt, damit er das Gras nicht erstickt. Im Spätsommer wurden schließlich die Bäume zur Ernte von Laubheu als Winterfutter beschnitten. Bäume, die so gekappt wurden, waren vor allem Feldulmen und Eschen, aber auch Espen, Linden und Ahorn.

Blütenpracht und Orchideenreichtum der Wiesen sind von Mitte Mai bis Mittsommer besonders schön. Zuerst blüht das Männliche Knabenkraut, dann kommen Brandknabenkraut, Langblättriges Waldvöglein, Großes Zweiblatt, Helmknabenkraut, Mücken-Händelwurz und Zweiblättrige und Grünliche Waldhyazinthe. Der Bestand variiert, doch ist es nicht ungewöhnlich, dass bis zu 150 Arten von Gefäßpflanzen auf einer fruchtbaren Wiese gedeihen. Manche Orchideen wachsen außer auf Gotland an keinem anderen Ort Skandinaviens, so das Sumpfknabenkraut, das Weiße Waldvöglein und Spitzels Knabenkraut.

Der Halsbandschnäpper, Gotlands Landschaftsvogel, fühlt sich auf den Wiesen wohl. Wenn die gekappten Bäume zu faulen beginnen, entstehen viele Hohlräume zum Nisten für Vögel, etwa für Waldkäuze, Hohltauben, Stare und Dohlen.

Heute kümmern sich zumeist die örtlichen Heimatvereine um die traditionelle Pflege der Laubwiesen, denn für die Landwirtschaft haben sie keine Funktion mehr. Mitte des 19. Jh. gab es 35000 Hektar solcher Wiesen auf Gotland, heute nur noch einige Hundert.

Seen, Flüsse und Moore

Bevor die gotländischen Feuchtgebiete im 19. und 20. Jh. umfassend rekultiviert wurden, gab es bedeutend mehr Seen (gotl. Träsk) als heute. Nur noch um die zwanzig Seen sind übrig geblieben – die meisten nur einige Meter tief. Eine Ausnahme bildet Lojstaträsk, der in der Eiszeit entstand und an den tiefsten Stellen bis zu 18 Metern misst. Der kalkhaltige Felsgrund macht die Seen nährstoffarm, Reet und Schilfrohr sind die vorkommenden Gewächse.

Auch die meisten Flussläufe sind an die Bedürfnisse der Landwirtschaft angepasst worden. Viele sind begradigt und zu Gräben und Kanälen umgeformt worden. In der Folge floss das Wasser nicht immer gleichmäßig und Gewässerläufe trockneten im Sommer aus. An den Ufern wachsen Mädesüß, Rohrkolben und Schilfrohr.

Bevor die gotländischen Moore und Seen trockengelegt wurden, gab es reichlich Fische und Vögel als wertvollen Beitrag zur Selbstversorgung der Menschen. Seggen- und Reetmoore gaben Heu als Tierfutter und den Rohstoff zum Decken von Dächern.

Die verbliebenen Moore lassen sich in Nieder- und Hochmoore einteilen. Hochmoore sind Regenwassermoore. Ihr Boden ist nährstoffarm und wird von einer Laubmoosart dominiert, die Torf bildet. Eines der wenigen Hochmoore auf Gotland ist Storholmen beim Fardume Träsk. Zu den Niedermooren, die im Bereich des Grundwassers liegen, gehören die Reetmoore. Das Riedgras Reet verdrängt nahezu alle anderen Gewächse, doch an den Rändern dieser Moore gedeihen viele verschiedene Orchideen. Kraniche und Graugänse fühlen sich ebenso wie Blutegel hier wohl. Träskmyr nahe der Bucht von Kappelshamn ist eines der größten Reetmoore der Insel.

Gotland besitzt Schwedens größtes Vorkommen kalkreicher, Källkärr genannter Niedermoore. Sie entstehen am Fuß von Felshängen, wenn kaltes Grundwasser aus den Spalten des Kalkfelsens rinnt und sich im konstant feuchten Boden ansammelt. Hier gedeihen Alpenhelm und Alpen-Fettkraut, die es sonst in Tundra und Berglandschaften gibt.

Wohlriechender Händelwurz, Mücken-Händelwurz, Breitblättriges Knabenkraut und Sumpf-Stendelwurz wachsen in diesen Mooren, die im Frühling von den Blüten der Mehlprimel übersät sind. Brauner Augentrost, der hier im Spätsommer blüht, ist eine Art, die es nur auf Gotland gibt. Bei Hejnum Hällar liegt das große Källkärr Rövätar im Naturreservat Kallgateburg. Vitärtskällan in der Bucht von Kappelshamn, Grausne in Stenkyrka und Mallgård in der Lojsta Heide sind weitere Beispiele.

Früher waren diese Moore Weideplatz und Wasserstelle für die Tiere, heute drohen einige zu verwildern.

Klippen und Raukar

Steile und dramatische Klippen beherrschen die Küste vom Truppenübungsplatz Tofta südlich von Visby bis hinauf nach Hallshuk. An einigen Stellen, wie am Aussichtsplatz Högklint unmittelbar südlich Visbys, misst die Steilküste mehr als 40 Meter über dem Meeresspiegel. Stora und Lilla Karlsö sind steile Kalksteinplateaus vor Gotlands Westküste. Auch im Inselinneren gibt es Klippen, etwa Lindeberget und Torsburgen.

Klappersteinstrände sind der gewöhnlichste Strandtyp Gotlands.

Die Klippen aus hartem Riff- und abgelagertem Kalkstein sollen durch Verwerfungen, die lange vor der Eiszeit geschahen, entstanden sein. Nachdem das letzte Inlandeis geschmolzen war, haben Wellen und Strömungen die Klippen weiter bearbeitet. Auf diese Weise wurden die Felswände geschliffen, Strandhöhlen gebildet und Felsblöcke abgebrochen.

Die Raukar bildeten sich oft am Fuß sanft abfallender Felshänge. Sie waren von vornherein von weicherem Kalkstein und Mergel umgeben, die von Wellen und Strömungen abgetragen wurden. Raukfelder liegen an Gotlands Ost- und Nordwestküste. Einige der bekanntesten Raukar stehen bei Langhammars und im Alten Hafen von Fårö.

Strände

Entgegen mancher Erwartung kommt nicht Sandstrand, sondern Steinstrand am häufigsten an Gotlands Küsten vor, besonders Klappersteinstrand. An einigen Stellen – so auf Fårö und an der Küste von Eksta – breiten sich Klappersteinfelder einige hundert Meter weit ins Land aus. Oft schließt sich ein niedriger, windgepeinigter Kiefernwald an. Das Meer wirft die Steine zu Wällen auf, in denen man zahlreiche Fossilien findet. Nur wenige Pflanzen wachsen auf den Klappersteinarealen, aber man entdeckt Gelbe Fetthenne, Färberwaid und Echten Schafschwingel.

An den Sand- und Steinstränden sammelt sich an Land gespülter Seetang (gotl. Släke), der an der Luft schnell fault. Er verbreitet einen sehr faulig-modrigen Geruch. Früher hat man den nährstoffreichen Tang zur Düngung der Äcker verwendet. Släkereiche Strandwälle weisen ein fruchtbares Pflanzenwachstum auf mit verschiedenen Meldenarten und Acker-Kratzdisteln. Insekten lieben Släke, was wiederum Wasservögel wie Austernfischer anlockt. An den Stränden brüten auch Eiderenten, Sturmmöwen, Küstenseeschwalben und Steinwälzer.

Sandstrände liegen meist an der flachen Ostküste, vereinzelt aber rund um die ganze Insel. Ganz Gotska Sandön und Avanäset auf Fårö bestehen aus Sand. Landeinwärts sammelt sich der Sand in Dünen. Hier können sich Gräser mit tiefen Wurzelsystemen wie Strandhafer und Strandroggen etablieren. Die Gräser binden den Sand, so dass er die angrenzende Vegetation nicht ersticken kann. Auf Flächen, die in Strandnähe beweidet werden, bilden sich zuweilen grasbewachsene Sandheiden mit Labkraut, Silbergras und Dünen-Schafschwingel.

Die flachen Strandwiesen im Süden und Südosten Gotlands sind im Winter überschwemmt und erhalten Nährstoffe aus dem Meer. An einigen Orten weiden noch heute Tiere, damit die Strandwiesen nicht verwildern. Auf den höher gelegenen Teilen dieser Wiesen wachsen Gräser wie Rotschwingel und Strand-Grasnelke. Näher am Wasser gedeihen salzverträgliche Pflanzen wie Bodden-Binse und Queller. Der nährstoffreiche Boden lockt viele Kleinstlebewesen und Vögel. Ca. 40 verschiedene Brutvogelarten wie Watvögel, Möwen und Seeschwalben nutzen die Strandwiesen, und zahlreiche Weißwangengänse rasten hier.

LINNÉS GOTLAND-REISE

Im Sommer 1741 reiste Carl von Linné mit sechs jungen Begleitern nach Gotland. Der Reichstag hatte ihn – auf seinen Wunsch – beauftragt, Ölands und Gotlands Vorzüge, Naturressourcen wie Mineralien und Bodenschätze, Farb- und Arzneipflanzen und vieles mehr zu inventarisieren. Zu den Aufgaben gehörte auch, die Tier- und Pflanzenwelt der Insel ebenso wie die Anbaumethoden, Sitten und Gebräuche der Menschen zu untersuchen.

Nachdem sie einige Wochen Öland bereist hatte, kam die Gesellschaft zu Mittsommer nach Gotland. Mit gemieteten Reitpferden ging es nordwärts nach Fårö und weiter nach Süden durch die östlichen Teile der Insel, bevor man kehrtmachte und nach Visby zog. Da es nur wenige Gasthäuser gab, wurde die Gruppe meist in Pfarr- oder Strandvogthöfen einquartiert. Linné sammelte Pflanzen, Tiere und Fossilien. Er machte fleißig Notizen und führte während des gesamten Aufenthalts auch ein Tagebuch, einen Reisebericht, der 1746 gedruckt wurde. Noch heute kann man diese Schilderung, die in vielen Auflagen erschien, mit Vergnügen als gotländischen Reiseführer nutzen.

FOSSILIEN

Spannend sind nicht nur die lebende Flora und Fauna Gotlands. Die Insel ist auch weltbekannt für ihren Reichtum an Fossilien. Der ganze 410-420 Millionen Jahre alte Kalkfelsgrund ist aus Resten von damals im Meer lebenden Organismen aufgebaut. Fossilien findet man an allen Steinstränden, namentlich in der Nähe von Klippen.

Am häufigsten kommen Korallen, Schalen von Armfüßern, Schwämme, Teile von Seelilien, Kopffüßer und Schnecken vor. Trilobiten, eine ausgestorbene Gliederfüßer-Art, gehören zu den begehrtesten Fossilien.

Es ist erlaubt, einzelne, lose Fossilien, die am Strand liegen, mitzunehmen, aber nicht, sie vom Felsen abzuschlagen. Auch größere Mengen zu kommerziellen Zwecken einzusammeln, ist verboten. In vielen Naturreservaten ist es grundsätzlich verboten, Fossilien zu sammeln.

Bild Seite 274: Knappkorallen mit dem lateinischen Namen Palaeocyclus porpita sind kleine, flache Rugusa Korallen, die man in untersten Lagen an der gesamten nordwestlichen Steilküste Gotlands findet.

Wandmalerei, Väte Kirche.

INSEL DER KIRCHEN

Über ganz Gotland verteilt liegen fast 100 mittelalterliche Kirchen. Und wenn man sich in Visby innerhalb der Stadtmauer umschaut, sieht man viele Kirchenruinen, die die Dächer der Stadt überragen. Es gibt so viele Kirchen auf der Insel, weil im Mittelalter, als die meisten von ihnen gebaut wurden, Wohlstand herrschte. Jede der 92 Inselgemeinden hatte ihre Kirche. Sie blieben erhalten, weil man sie mit großem technischen Können gebaut hat – und weil nach dem Mittelalter die Mittel fehlten, um neue, 'modernere' Kirchen zu bauen. Nur drei Landkirchen fielen in diesen schlechteren Zeiten öde: Elinghem, Bara und Gann.

Schlimmer traf es die Kirchen in Visby, wo alle außer St. Marien in den schlechteren Zeiten verfielen. Vor allem nach der Reformation verloren viele der baulich schon recht heruntergekommenen Kirchen ihre Funktion. St. Marien wurde nach der Reformation zur einzigen Gemeindekirche der Stadt und 1572 sogar zu einer Domkirche erhöht, als das Stift Visby, d.h. das Bistum, eingerichtet wurde.

Der Gutasage zufolge wurde auf Gotland die erste Holzkirche von einem gewissen Botair in Akebäck erbaut, sie soll aber von Gegnern des Christentums bald niedergebrannt worden sein. Botair soll dann eine Kirche in "Vi", also Visby, erbaut haben, die stehen blieb. Von den frühen Holzkirchen (Stabkirchen) sind heute nur noch wenige Reste erhalten, so in Hemse, Silte, Eke und Guldrupe.

Die Gutasage berichtet, dass sich das Christentum erst im 11. Jh. ganz durchsetzen konnte. In jenem Jahrhundert entstanden die ersten Steinkirchen auf der Insel. Baumaterial in Gestalt von Kalk- und Sandstein gab es reichlich. Die ältesten Kirchen sind in romanischem Stil gebaut, wie zum Beispiel an Details in Garde und Källunge zu sehen ist. Dieser Stil ist gekennzeichnet durch rundbogige Portale, Fenster und Gewölbe. Diese frühen Kirchen zeigen Einflüsse von Kirchbauten in Dänemark, Schonen und Norddeutschland. Eine Apsis, d.h. der halbrunde Bauteil ganz im Osten, schloss den Chor ab, den Teil der Kirche, in dem der Altar steht.

Im Innern waren sie mit Wandmalereien geschmückt, sogar mit russisch-byzantinischen wie in Garde und Källunge. Im Turmbogen der Kirche von Garde sieht man zwei Heiligenfiguren in Braunlila, in Gold und Türkis. Die Heiligen tragen perlenbestickte Mäntel. Umstritten ist, ob ein Meister aus dem Osten die Källunge-Kirche u.a. mit zwei Ritterheiligen im Triumphbogen ausgeschmückt hat. Wer auch immer die Malereien geschaffen haben mag: Wir wissen, dass Gotland im 12. Jh. enge Handelsverbindungen nach Russland und darüber hinaus hatte – und dadurch auch kulturelle Impulse aus dem Osten.

Die Meisterwerkstätten

In der romanischen Epoche vom 12. bis frühen 13. Jh. schufen einige gotländische Steinhauerwerkstätten Taufsteine, Portale und Reliefs, die man noch immer in und an vielen Kirchen Gotlands bewundern kann. Den unbekannten Meistern wurden Anonymnamen gegeben: z. B. Majestatis, Byzantios und Calcarius. Sigraf ist allerdings ein richtiger Name, verzeichnet auf einem Taufstein in Åkirkeby/Bornholm und auf zwei gotländischen Grabsteinen. Mancher Steinmeister bekam seine Ausbildung wohl während des großen romanischen Kathedralbaus in Lund. Die Taufsteine

Taufstein, Garde Kirche. Taufstein, Mästerby Kirche.

– zunächst aus Sand-, dann aus Kalkstein – wurden in den ganzen Ostseeraum exportiert. Der Taufstein aus Sandstein in Barlingbo zählt zu den merkwürdigsten und meist bewunderten im Lande.

Bei vielen der Landkirchen, insbesondere in Küstennähe, errichtete man Kastale. Sie dienten vermutlich der Verteidigung oder als Speicher. Das 13 Meter hohe Kastal in Gammelgarn aus dem frühen 13. Jh. ist das besterhaltene der Insel. Unten sind die Steinmauern mehr als zwei Meter dick, nach oben zu verjüngen sie sich. Der oberste Teil des Kastals ist allerdings eine Rekonstruktion.

Im Takt mit dem wachsenden Wohlstand des 13. Jh. begannen die Gemeinden, ihre Kirchen umzubauen. Man wollte einen weiten Kirchenraum mit großen, von Pfeilern getragenen Gewölben. Den neuen Stil mit jetzt spitzbogigen Fenstern und mächtigen Portalen nannte man Gotik. Die Wände waren oft übersät mit

Wandmalerei, Garde Kirche.

prächtigen Malereien in klaren Farben mit Szenen aus dem Leben Jesu und dekorativen Mustern in den Gewölben. Die Fenster wurden größer und bekamen Glasmalereien. Der Raum wurde heller. Der Einfluss für diese Umbauten kam meist aus Deutschland, das seinerseits Impulse aus Frankreich bekam. Viele der gotländischen Kirchen behielten aber auch romanische Bauteile.

Großartige Ausschmückungen

Es war auch die Zeit großer Triumphkreuze. Eines der größten im Norden hängt an der Nordwand der Kirche von Lau. Es stammt aus dem 13. Jh. und stellt eine Christusfigur dar, mit Händen und Füßen an ein gewaltiges Holzkreuz genagelt. Auch in Öja gibt es ein Triumphkreuz, vor allem aber eine der meistbewunderten Holzskulpturen: die Öjamadonna aus dem 13. Jh., in der Kirche nunmehr eine Kopie, das Original in Gotlands Museum. Die Skulptur zeigt die trauernde Maria in schön gefaltetem Kleid.

Öjamadonna, Öja Kirche. Triumphkreuz, Lau Kirche.

In dem reich ausgeschmückten Ringkreuz ist Christus am Kreuz umgeben von einem trauernden Engelchor und skulptierten Szenen vom Sündenfall sowie Adam und Evas Vertreibung aus dem Paradies.

Die Pläne für den Umbau der Landkirchen waren oft gewaltig, ihre Türme sollten hoch und mächtig sein mit offenen Galerien und Schallöffnungen. Doch eine wirtschaftliche Krise ließ viele Bauvorhaben stoppen. Mache Gemeinde schaffte nur den Neubau eines Chors, Langhaus und Turm konnten wegen Geldmangels nicht umgebaut werden. Der Krieg zwischen Visby und den Bauern 1288, die Verheerungen der Pest Mitte des 14. Jh. und die Invasion und Plünderungen Waldemar Atterdags 1361 trugen zum wirtschaftlichen Abstieg der Insel bei. Nach 1350 wurde deshalb nicht mehr viel gebaut. Die Kirchen können aus diesem Grund einen im Verhältnis zum Langhaus viel zu großen Chor aufweisen, wie in Källunge. Oder der Turm ist zu klein im Verhältnis zum Langhaus, wie in Bro und Martebo. Trotz Reformation blieben Heiligenbilder, Kruzifixe, Fenster- und Kalkmalereien aus der katholischen Zeit in den Kirchen zum Teil bewahrt. Im 16. Jh. kamen Kanzeln hinzu, die in späterer Zeit immer mehr ausgeschmückt wurden. Die Kirchen wurden mit skulptierten Sandsteinaltären ausgestattet, von denen viele in Burgsvik hergestellt wurden, wo die Steinmetzkunst einen Aufschwung erlebte.

Im 18. und 19. Jh. sollten die Kirchen nach damaligem Geschmack hell und luftig sein. Mittelalterliche Kalkmalereien wurden übertüncht, neue Fenster eingesetzt, Glasmalereien gegen weißes Glas ausgetauscht, die Heiligenfiguren verkauft oder versteckt. Im 20. Jh. hat man bei Restaurierungsarbeiten versucht, die übertünchten Kalkmalereien wieder hervorzubringen. Man hat auch neue Heizungen installiert, um den Kirchenraum ganzjährig nutzbar zu machen und die Probleme mit Feuchtigkeit und Schimmel zu verringern.

Auch heutzutage versammeln sich die Menschen in den Kirchen Gotlands zu Messen, Taufen, Hochzeiten und Beerdigungen. Auch viele Konzerte werden veranstaltet. Alle Kirchen sind im Sommer zum Besuch oder zu persönlicher Andacht geöffnet. Im Winter jedoch sind viele geschlossen. Ein Besuch ist nach Rücksprache mit dem Pastorat möglich.

Glasfenster, Hablingbo Kirche.

Eva Lange, Koncentration, 1993. Skulptur aus lettischem Granit. Visby Lasarett.

KUNST IM ÖFFENTLICHEN RAUM

Public Art Kunstwerke gehören zur Kunstsammlung der Inselverwaltung. Etwa 5000 Arbeiten sind großen Teilen der gotländischen Bevölkerung in Bereichen des Gesundheitswesens, der Pflege, in Ausbildung, Kultur, Politik und Forschung sowie im Freien an öffentlichen Plätzen zugänglich. Die Internetseiten zur sog. Utomhuskonst Gotlands zeigen alle Kunstwerke, die der Allgemeinheit leicht zugänglich sind. Hier findet man Karten, Bilder und Beschreibungen von beeindruckenden Skulpturen, Reliefs und Mosaiken, verteilt über ganz Gotland, als Wegweiser durch die gotländische Kunstlandschaft.

Mehr unter: www.gotlandsmuseum.se/GK.utomhuskonst/

TIPPS ZUR VERTIEFENDEN LEKTÜRE

Archäologie und Geschichte

Bildsteine auf Gotland. Erik Nylén. 2. erw. u. kompl. Aufl. Wachholtz, 1991.

Die deutsche Hanse. Gisela Graichen, Rolf Hammel-Kiesow. Rowohlt Verlag GmbH, 2011.

Die Hanse. Rolf Hammel-Kiesow. Beck'sche CH Verlagsbuchhandlung Oscar Beck, 2002.

Die Stadtmauer von Visby. Waldemar Falck. Riksantikvarieämbetet, 1995.

Die Vitalienbrüder. Klaus Störtebecker und die Seeräuber der Hansezeit. Matthias Pule. 3. Auflage. Campus Verlag, 2012.

Gotland – Impressionen einer Insel. Werner Scharnweber. Edition Thieme, 2005.

Gotland. Tausend Jahre Kultur- und Wirtschaftsgeschichte im Ostseeraum. Robert Bohn. Thorbecke, 1988.

Visby – Wie eine Perle in der Ostsee. Fornsalens Förlag, 2017.

Gotland's Picture Stones. Bearers of an Enigmatic Legacy. Gotländskt Arkiv 2012. Fornsalens Förlag, 2012.

Gutasaga. The Tales of the Gutes. Fornsalens Förlag, 2012.

Hanseatic sites, routes and monuments – a traveller's guide to the past and present. Gun Westholm m.fl. Council of Europe Cultural Routes, 1996.

The Havor hoard. The gold – the Bronzes – the Fort. Erik Nylén, Ulla Lund Hansen, Peter Manneke. 2005.

Treasures. Gotland. Fornsalens Förlag, 1999.

Natur

Fossilien auf Gotland. Sara Eliason. Fornsalens Förlag, 2011.

Fossilien. Sonderheft 'Gotland'. Fossilien Redaktion. Quelle&Meyer, 2016.

Bebauung und Landschaft

Kultur-Führer Gotland. Marita Jonsson, Sven-Olof Lindquist. Fornsalens Förlag, 1993.

Kirchen

Die Kirchen Gotlands. Erland Lagerlöf, Gunnar Svahnström. Conrad Stein Verlag, 1991.

Die Kirchen von Visby. Gunnar Svahnström. Riksantikvarieämbetet, 1986.

Angels & Dragons. Gotland´s Cultural Treasors. Bengt af Geijerstem, Christer Jonsson, Eva Sjöstrand. Fornsalens Förlag, 2017.

REGISTER

FOTOGRAFIEN

Foto: Åsa Sommarström
(wenn nicht anders angegeben)
Gotlands Museums Arkiv, Seite 270
Elisason, Sara, Seite 16, 26, 31, 38–39, 74, 76, 98, 102, 163, 192, 226, 241, 248, 279, 280
Emdén, Cathrin, Seite 155, 194
Emdén Fredrik, Seite 236
Götlin, Birgitta, Seite 122
Hejdström, Raymond, Seite 106, 186, 201, 214, 250, 251, 256, 261, 262, 265, 295
Hoas, Sofia, Seite 242, 244
Jonsson, Lars, Seite 167
Kristiansson, Maria, Seite 142
Lantz, Gunnar/TT, Seite 48
Lavergren, Lena, Seite 137, 143, 195
Masclef, Amédée _ Atlas des plantes de France. 1891, Public Domain, Wikipedia commons, Seite 268
Norrman, Jan/Riksantikvarieämbetet, Seite 173
Nächtmann, Cherson, Seite 273
Olofsson, Carin, Seite 141
Path, Jeanette, Seite 298
Petersson, Jörgen, Seite 102
Sarafian, Garbis, Seite 6, 37, 138–139, 214, 277
Skoog, David/Bermancenter, Seite 49
Ström, Göran, Seite 35, 168, 233

GLOSSAR

Schwedisch	Deutsch
Berg/-et	Berg
Bruk/-et	Werk
Fiskeläge/-t	Fischerstelle
Fornborg/-en	Fluchtburg
Fornstuga/-n (Norrlanda)	Freilichtmuseum (wörtl. frühgeschichtliches Häuschen)
Fästning/-en	Festung
Gammal/gamla	Alt
Grav/-en	Grab
Gravfält/et	Gräberfeld
Grotta/-n	Höhle
Gård/-en	Hof
Hage/-n	Koppel, Gehölz, Weide, Hain
Hajd/hed	gotl.: beweidetes, größeres Waldstück
Hamn/-en	Hafen
Holme/-n	Kleine Insel
Häll/-en	Felsgrund, Felsen
Kalkbruksmuseum/-museet	Kalkwerksmuseum
Klint/-en	Klippe, Felsen
Krukmakeri/-et	Töpferei
Kungsgård/-en	Krongut (wörtl. Königshof); in Roma (Roma Kungsgård) Sitz des Landeshauptmanns (landshövding)
Kust/-en	Küste
Kvarn/-en	Mühle
Kyrka/-n	Kirche
Kyrkogård/-en	Friedhof
Kyrkoruin/-en	Kirchenruine
Kyrkänge/-n	Kirchwiese
Källa/-n	Quelle
Kärleksstig/-en	Liebespfad

Schwedisch	Deutsch
Lantbruksmuseum/-museet	Landwirtschaftsmuseum
Liten/lilla	Klein
Lund/-en	Hain
Lövskog/-en	Laubwald
Museigård/-en	Museumshof
Myr/-en	Moor
Naturstig/-en	Naturpfad
Prästgård/-en	Pfarrhof
Prästänge/-n	Pfarrwiese
Skeppsättning/-en	Schiffssetzung
Skärgård/-en	Schärengarten
Slott/-et	Schloss (slott ist die gotländische Bezeichnung für eine historische Festung/Befestigung, kein Schloss mit Zinnen und Türmen)
Sten/-en	Stein
Stig/-en	Pfad, kleiner Weg
Stor/stora	Groß
Strandridare/-n	Strandvogt, Zollbeamter (wörtl. Strandreiter)
Stuga/-n	Kleines Haus, Hütte
Träsk/-et	See
Tåg/-et	Zug
Udde/-n	Landzunge
Vik/-en	Bucht
Väg/-en	Straße
Å/-n	Fluss
Äng/-en	Wiese
Ö/-n	Insel

Herzlichen Dank allen, die auf unterschiedliche Weise zur Arbeit an diesem Buch beigetragen haben: Anders Ulfheden für technische Hilfe bezüglich der Karten, Monica Elmshorn für Stunden der Bildsuche, allen Fotografen, die Bilder beigesteuert haben, Torsten Svensson, der die Faktenprüfung zu Gotlands Kirchen besorgte. Und nicht zuletzt Gotlands Museums Personal, das die Texte geprüft und korrekturgelesen hat oder auf andere Weise am Entstehungsprozess beteiligt war.